シリーズ「遺跡を学ぶ」112

平城京を飾った瓦
奈良山瓦窯群

石井清司

新泉社

平城京を飾った瓦
—奈良山瓦窯群—

石井清司

【目次】

編集委員
勅使河原彰（代表）
小野　昭
小野　正敏
石川日出志
小澤　毅
佐々木憲一

装　幀　新谷雅宣
本文図版　松澤利絵

第1章　長屋王邸の瓦発見

1　謎の蓮華文様を求めて

不均等な蓮華文様

一九九一年、京都府木津川市《きづがわ》にある瀬後谷瓦窯《せごだにがよう》の発掘調査は終盤を迎えていた。瀬後谷瓦窯は、文化首都「関西文化学術研究都市」の建設に先立ち、一九八七年から四年間かけて埋蔵文化財の調査をおこなってきた遺跡である。調査対象地が広いために、まずは地面を掘ることなく磁気探査を奈良国立文化財研究所（現・奈良文化財研究所）の西村康さんの協力でおこない、反応があった地点を中心に掘削作業をすすめた。その結果、奈良時代前半の瓦や須恵器《すえき》が出土する窯がみつかったのである。

瓦をもっぱら焼成した瓦専業窯が一基（1号窯）と、瓦とともに須恵器を焼成した瓦陶《がとう》兼業窯（2号窯）のほか、マキを燃やす燃焼部のみが残る3号窯、窯本体は後世に削りとられていたが、焚口《たきぐち》からかき出した炭や灰とともに不良品を捨てた灰原《はいばら》のみを確認した４・５号窯の五基の窯があった（図１）。

出土した遺物は整理箱で五五〇箱以上と膨大な量になったため、端から順に整理するよりも、操業した時期やその供給先を確認することが優先作業と考え、まず屋根の軒先を飾る軒丸瓦《のきまるかわら》・軒平瓦《のきひらかわら》を水洗いして文様を観察することにした。すると、特異な軒丸瓦がみつかったのである（図２）。

この軒丸瓦の文様は、蓮の花を図案化した「複弁八葉蓮華文《ふくべんはちようれんげもん》」とよんでいるもので、蓮の実をあらわす中央の円形部分（中房《ちゅうぼう》）には、真ん中に一個とその外側に八個の豆粒状の突起（蓮子《れんじ》）がある。中房の外側には二枚の花びら（花弁《かべん》）を一組として八枚の弁を描くが、本来二枚一対であるべき花弁（複弁）が、割り付けミスからか最後が

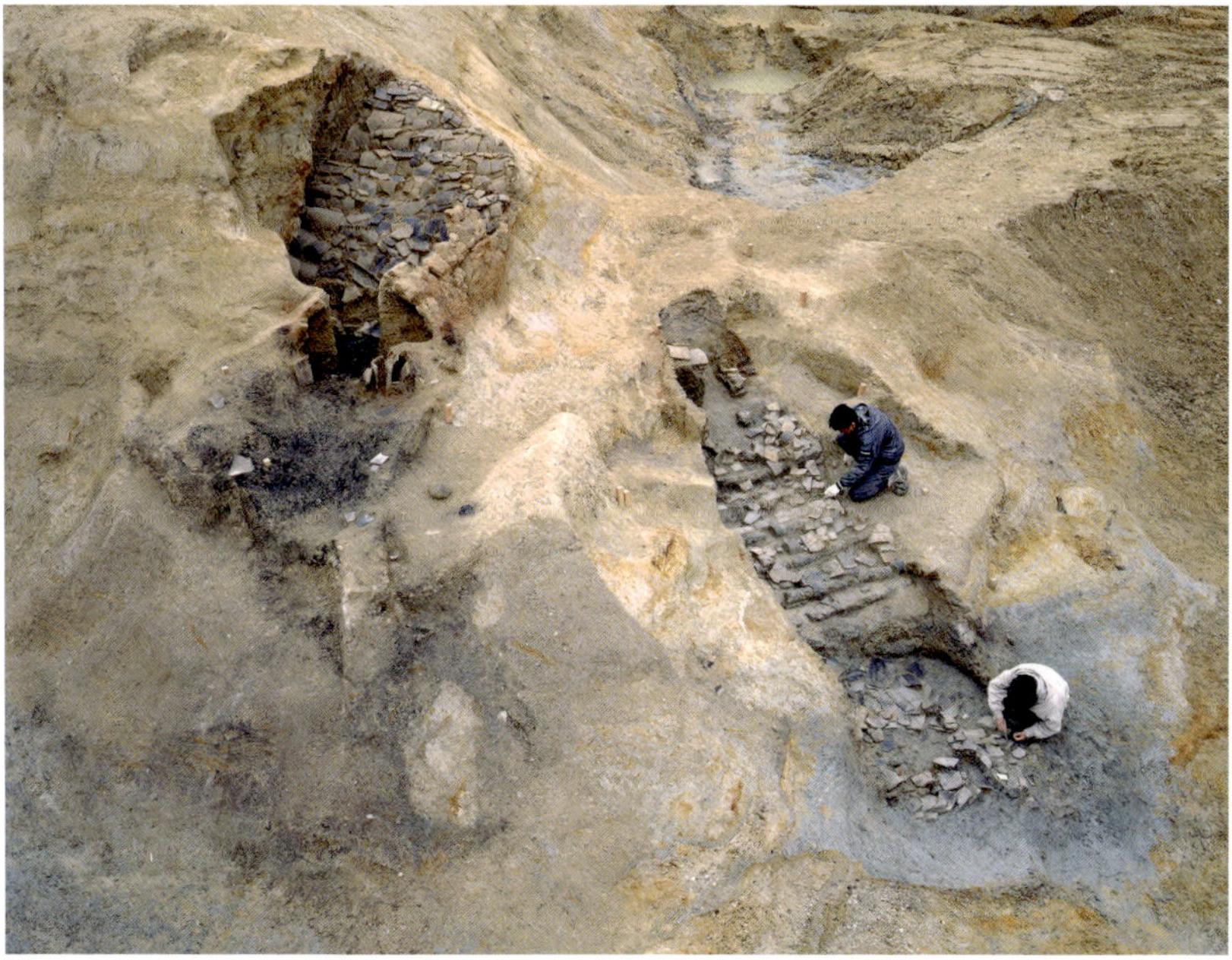

図１●瀬後谷瓦窯の発掘調査
丘陵の斜面を利用した窖窯（あながま）とよばれる構造のもので、瓦を敷きつめたようにみえる箇所が瓦を焼いた「焼成部」、地面が灰で黒くなっている箇所がマキを燃やした「燃焼部」。写真左が瓦専業の１号窯、右が瓦と須恵器を焼成した２号窯。

一枚の単弁《たんべん》になってしまっているのである。

この蓮華文様をみた私は違和感をもつとともに、割り付けミスをそのまま描き・彫り・成形したことに、人間らしい製品だなあと感じた。そして、特徴的な文様なので、この瓦がどこで使われたのか、すぐに同じ型式の軒丸瓦の供給先がみつかると思ったのだった。

使った建物はどこだ

瀬後谷瓦窯は、京都府と奈良県の境にある標高一〇〇～一五〇メートルほどの低い奈良山丘陵に連なる「奈良山瓦窯群《ならやまがようぐん》」の一角にある（**図3**）。

奈良山瓦窯群で焼成した製品は、奈良時代の都である平城京《へいじょうきょう》と、そのなかの宮殿《きゅうでん》である平《へい》城宮《じょうきゅう》に供給されたことが研究史上明らかになっていたので、瀬後谷瓦窯の不均等な軒丸瓦も平城宮・京の調査で出土しているものと思い、瀬後谷瓦窯の調査時点で公表されていた『平城京・藤原京出土軒瓦型式一覧』（奈良国立文化財研究所・奈良市教育委員会）を調べてみた。しかし、同じ型式の軒丸瓦はみあたらない。

平城宮・京の発掘調査では毎年のように新種の瓦が出土していることから、公表されていない新種の軒丸瓦であるかもしれないと思い、この瓦をもって奈良国立文化財研究所や奈良市埋蔵文化財調査センターを訪ねてみることにした。

図2 ● 蓮弁が不均等な軒丸瓦
瀬後谷瓦窯出土の複弁蓮華文軒丸瓦。
矢印部分が割り付けミスにより単弁になっている。

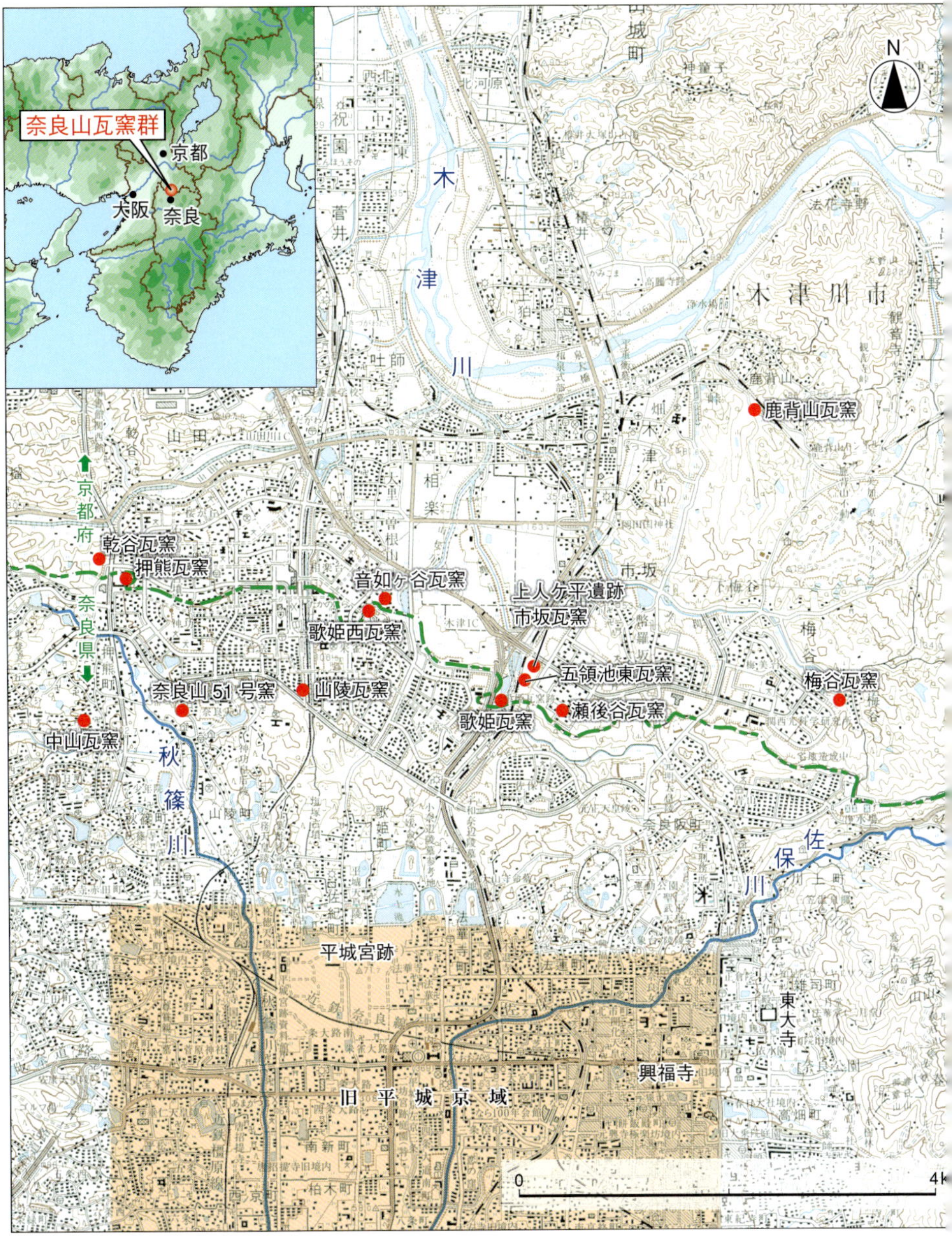

図３●奈良山瓦窯群の所在地
いまでは住宅が密集して、発掘調査時の面影はないが、
奈良山丘陵には多くの瓦窯があった。

奈良市埋蔵文化財調査センターでは中井公さんをはじめ職員の方々に確認していただいたところ、平城宮では出土例はないが、平城京内でわずかではあるが同笵の軒丸瓦が出土しているとのことだった。そしてその一部が、中学校の歴史教科書にも登場する「長屋王邸《ながやおうてい》」から出土していることを知ったのである。

2　長屋王邸を飾った瓦

長屋王の邸宅

長屋王は、父親が天武天皇の長子でありながら、皇位を継承することができなかった高市皇子《たけちのみこ》、母親は持統天皇・元明天皇の姉妹である御名部皇女《みなべのひめみこ》（天智天皇の娘）で、七二一年（養老五）に左大臣、七二四年（神亀元）に元正天皇が首皇子《おびとのみこ》（後の聖武天皇）に譲位した年には右大臣にのぼりつめ、政権の中枢をになった人物である。

長屋王の邸宅としては「佐保宅《さほ》」があり、その佐保邸で新羅使などを迎えて詩宴がおこなわれていたと『懐風藻《かいふうそう》』に出てくるが、具体的な住まいの場所については明らかでなかった。それが、一九八六年から八九年にかけての大型施設の開発にともなう発掘調査によって明らかとなる。

この調査地は平城京の地番でいうと左京三条二坊一・二・七・八坪にあたり、平城宮と京の境の二条大路に面している地点である（**図7参照**）。二条大路をはさんで北側には藤原不比等《ふひと》の末子で、後に疫病で亡くなった藤原麻呂《まろ》邸があった。発掘調査では、桁行《けたゆき》七間、梁行《はりゆき》三間で南北に庇《ひさし》をもつ床面積三六〇平方メートルの建物を中心にして多くの建物跡がみつかり、四町（約四八〇メートル四方）の広大な敷地を有する邸宅であることが明らかとなった（**図4**）。また、この調査では長屋王の住まいであることを示す「長屋親王宮《ながやしんのうのみや》」などの所在地あるいは邸宅内の生活を示す木簡（三万五〇〇〇点以上）が井戸や溝などから出土している（**図5**）。

長屋王は政治の主導者となったが、しだいに藤原氏との対立が激しくなり、七二九年（天平元）に疑いをかけられ自死してしまう。「長屋王の変」である。長屋王の自死以後の邸宅は、発掘調査の成果によると、藤原光明子《こうみょうし》（光明皇后）の皇后宮として利用されたようである。

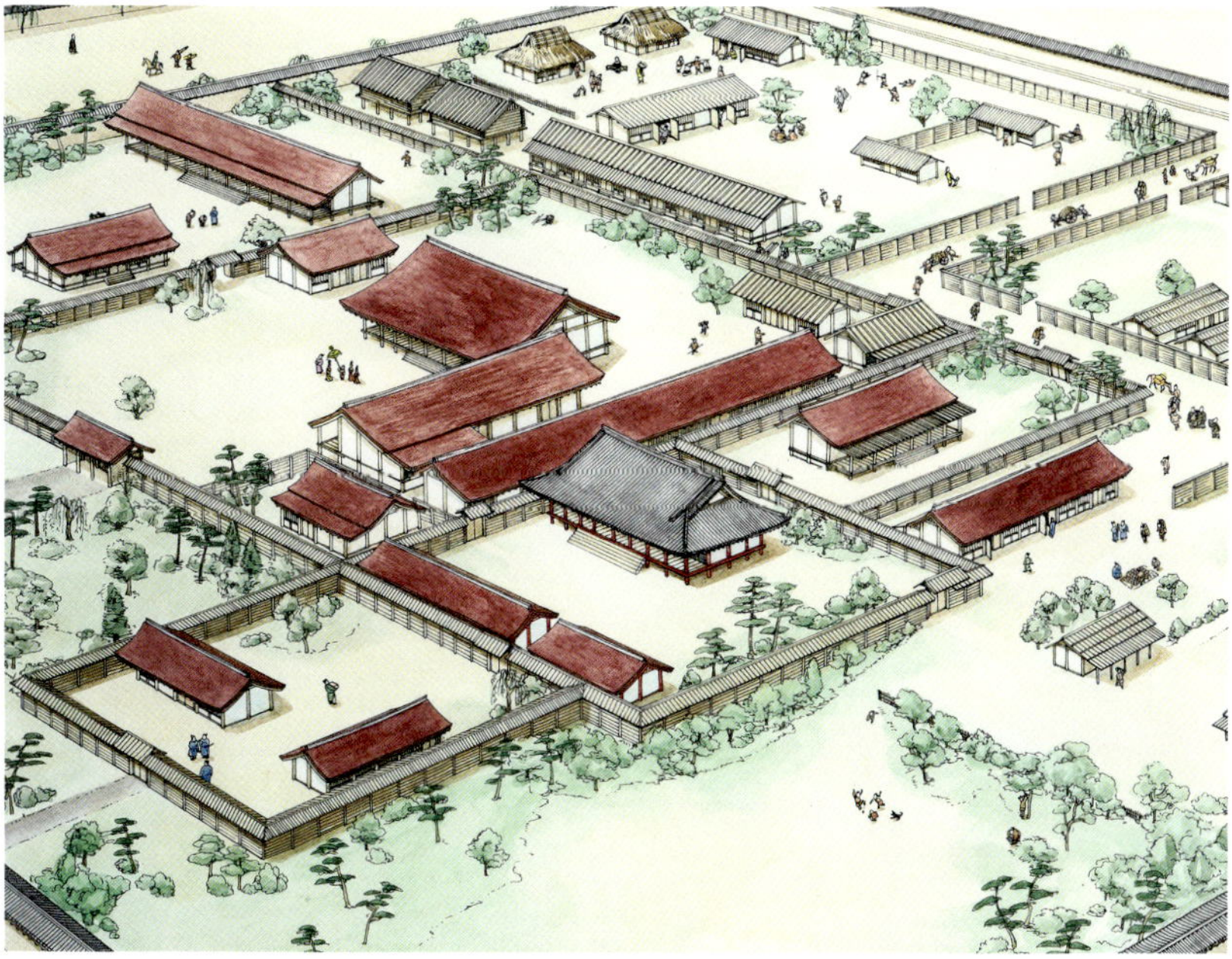

図4 ● 長屋王邸の復元図（早川和子作画）
長屋王邸は４町四方の広大な敷地を有した邸宅であった。中央の屋根が黒くみえる瓦葺きの建物は客殿を想定している。

笵割れした瓦

さて、さきほどの不均等な蓮華文様は、数字の羅列でなじみにくいが、瓦研究では「六二九八型式A種（六二九八A）」とよばれているものであることが確認できた。

この結果を受けて、再度、瀬後谷瓦窯の軒瓦を観察してみると、「均整唐草文《きんせいからくさもん》」という文様のついた軒平瓦は「六六六四I」「六六六八A」とよばれるもので、やはり平城京で使用された瓦であることが明らかとなった。「六六六四I」は平城宮の第一次（中央区）大極殿《だいごくでん》に使われたこともわかっているが、平城宮出土のものは文様に傷などがついていないきれいなものだ。しかし、瀬後谷瓦窯から出土した瓦の文様には横方向に筋が入っている（これを「笵割《はんわ》れ」という）。また、「六六六八A」（**図6**）も中央区朝堂院南門《ちょうどういんなんもん》跡で多く出土する軒平瓦であるが、笵割れはなく、笵割れしているものは瀬後谷瓦窯や長屋王邸で出土していることがわかってきた。

こうして瀬後谷瓦窯では、平城宮に同じ型式があっても宮内にはない笵割れが生じた軒瓦を焼成していて、その一部は長屋王という歴史上の人物の住まいに使われていたことが明らかになった。瓦窯の調査がこれまで以上に歴史にふれていると実感した瞬間であった。

図5 ● 長屋王邸を示す木簡
長屋親王への「大贄（おおにえ）」（貢物）として届けられた「鮑（あわび）」の荷札。

3　平城京遷都と瓦

平城京遷都

平城京は七一〇年（和銅三）に、奈良盆地の南にあった藤原京から、奈良盆地の北端、現在の奈良市を中心とした地に遷《うつ》った都である。

藤原京が天武天皇の意思を受けた持統天皇により造営された都であるのに対して、平城京は元明天皇が遷都し、元正天皇が文武天皇の息子の首皇子（聖武天皇）が即位するのをまって譲位しており、聖武天皇の都といわれている。

平城京は、藤原京とは異なって、唐の長安城《ちょうあんじょう》を参考にしてつくられ、南北九条（四・七九キロ）、東西八坊（五・八五キロ）で、外京《げきょう》三坊分を含む広大な都である（**図7**）。

京域の中央を南北方向に貫く朱《す》雀大路《ざくおおじ》は道路幅二一〇尺（約

図6 ● 瀬後谷瓦窯出土の軒平瓦6668Aの笵割れ進行状況
上：笵割れのないもの。同じものが朝堂院で出土している。
中：中央左寄りに縦方向の笵割れがある。
下：右側にも新たに笵割れが生じている。

七四・五メートル）の広い道路で、南端には羅城門《らじょうもん》、北端には朱雀門が開く。この朱雀大路をはさんで東側を左京《さきょう》、西側を右京《うきょう》とよぶ。

京内は東西方向と南北方向に碁盤目状に道路が走り、東市・西市のほか、藤原京から移転してきた大官大寺《だいかんだいじ》（後の大安寺《だいあんじ》）や薬師寺などの寺院、役人や庶民の住まいがあった。先ほどの長屋王邸は二条大路に面していた。

朱雀大路の北端の朱雀門を入ると宮域になる（図8）。内部は天皇の住まいである内《だい》裏《り》、行事の場である大極殿、役人が参集する朝集堂《ちょうしゅうどう》とその東西に大蔵省・式部《しきぶ》省・民部《みんぶ》省などの各役所がある朝堂院が配置されており、宮域は大垣《おおがき》でかこまれていた。

平城京にはおよそ一〇万人が暮らしていたといわれているが、自分の住まいを自由に選べたのではなく、官位によってその場所や大きさが決められていた。長屋王邸は四町を有

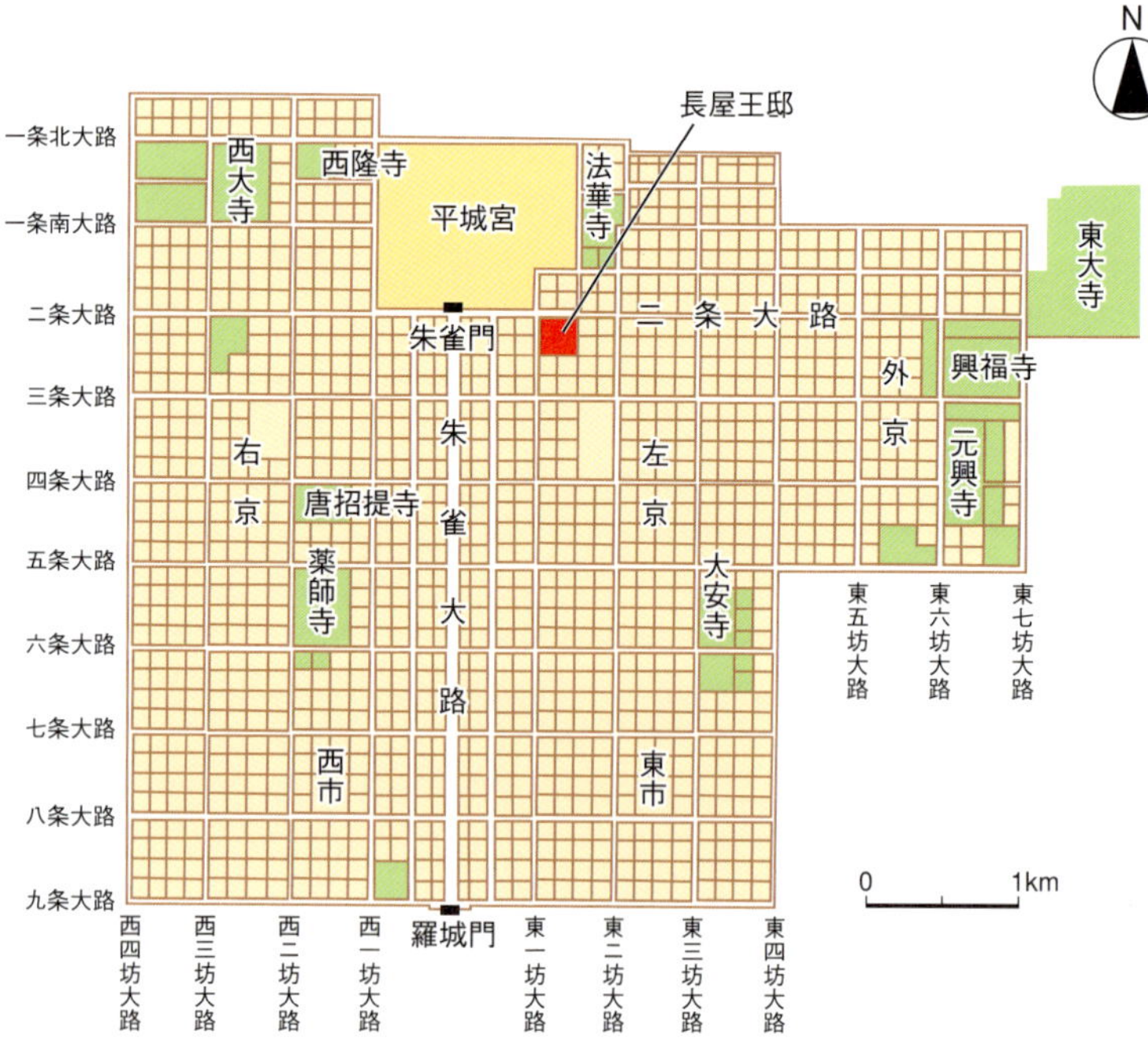

図7 ● 平城京の模式図
東西方向と南北方向の道路で整然と区画されていた。

した邸宅であったが、五位以上の貴族・役人は一町、庶民は八分の一町などと規制されていた。

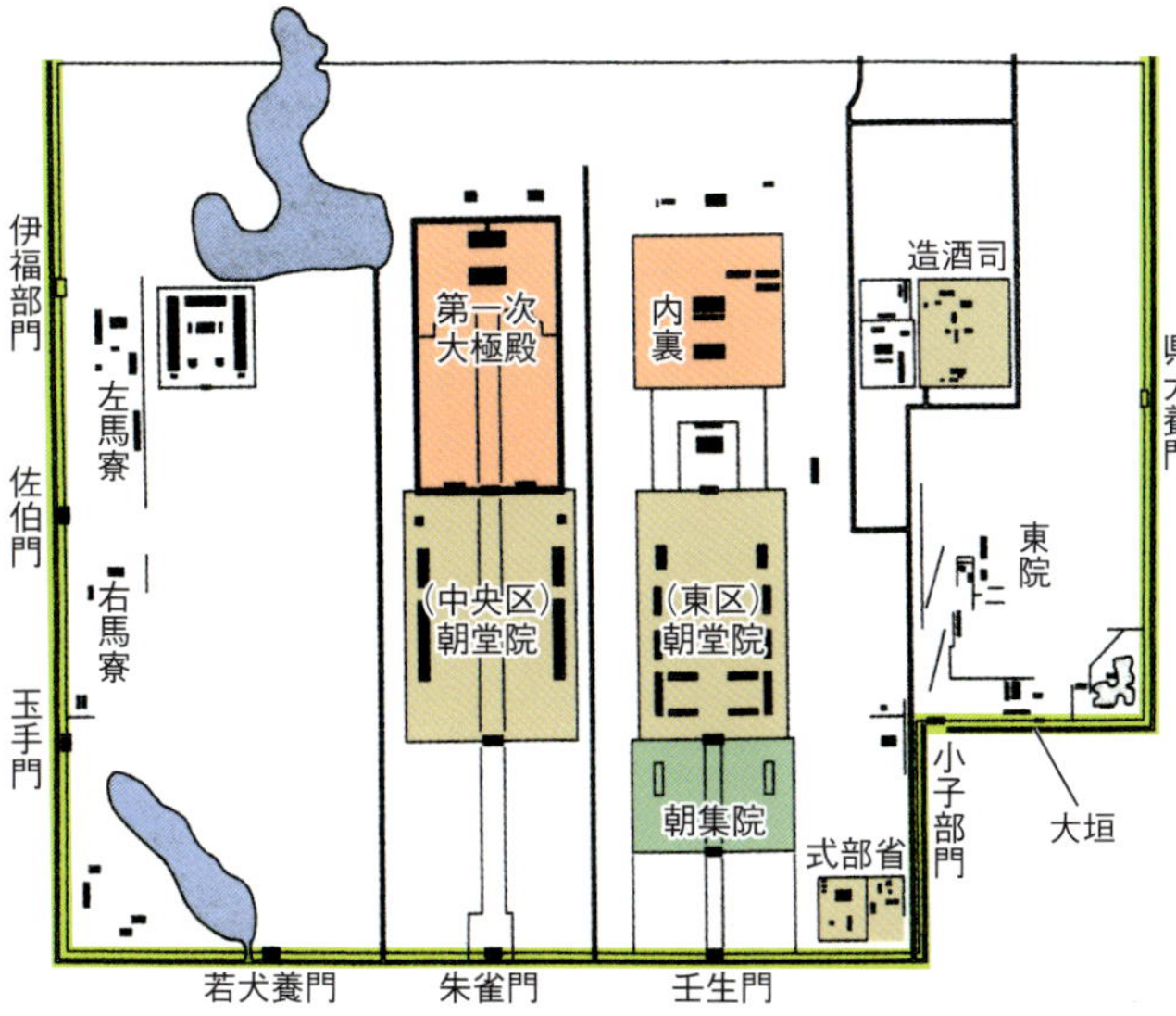

奈良時代前半の平城宮

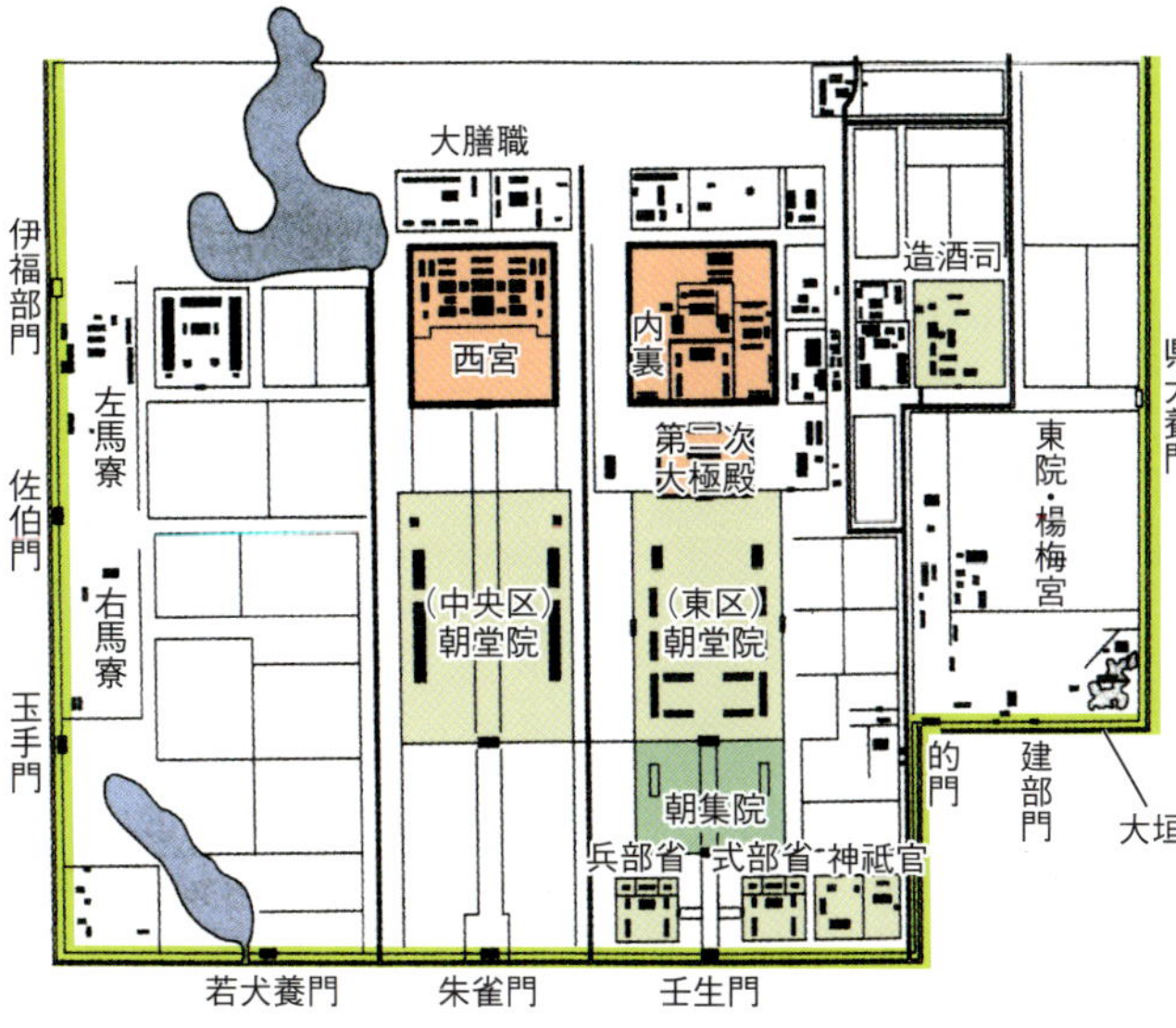

奈良時代後半の平城宮

図8 ● 平城宮の配置図
第一次（中央区）大極殿は、740年の恭仁京遷都にともなって恭仁宮に移築された。745年の平城京還都後、新たに第二次（東区）大極殿が造営された。

藤原宮での瓦生産体制

これまでの板葺《いたぶ》き・檜皮葺《ひはだぶ》き・藁葺《わらぶ》きの屋根に対して瓦葺きは、雨水の漏れを防ぎその重量によって建物を安定させるという、恒常的な建物を目的とした構造である。その外観は荘厳なたたずまいをあらわすもので、外来文化の象徴であった。

瓦屋根は本格的な寺院である飛鳥寺《あすかでら》の造営（五八八年）を契機として採用され、その造営は百済の寺工・露《ろ》盤《ばん》博士・瓦博士・画工などが指導した。瓦類の焼成も百済の知識人の指導のもとで日本の工人が焼成した。

飛鳥時代は、寺院建築に瓦屋根を採用したものの、豊浦《とゆら》宮・小墾田《おはりだ》宮・飛鳥板蓋《あすかいたぶき》宮・浄御原《きよみはら》宮などの宮殿は瓦屋根を採用せず、本格的な都城である藤原宮においてはじめて瓦屋根が採用された。藤原宮の大極殿・朝堂院、それをかこむ大垣などで一五〇万枚もの瓦を使用したといわれている。

しかし、藤原宮造営のころは瓦生産が本格的に整備されていなかったようで、使用する瓦類は大極殿に近い檑

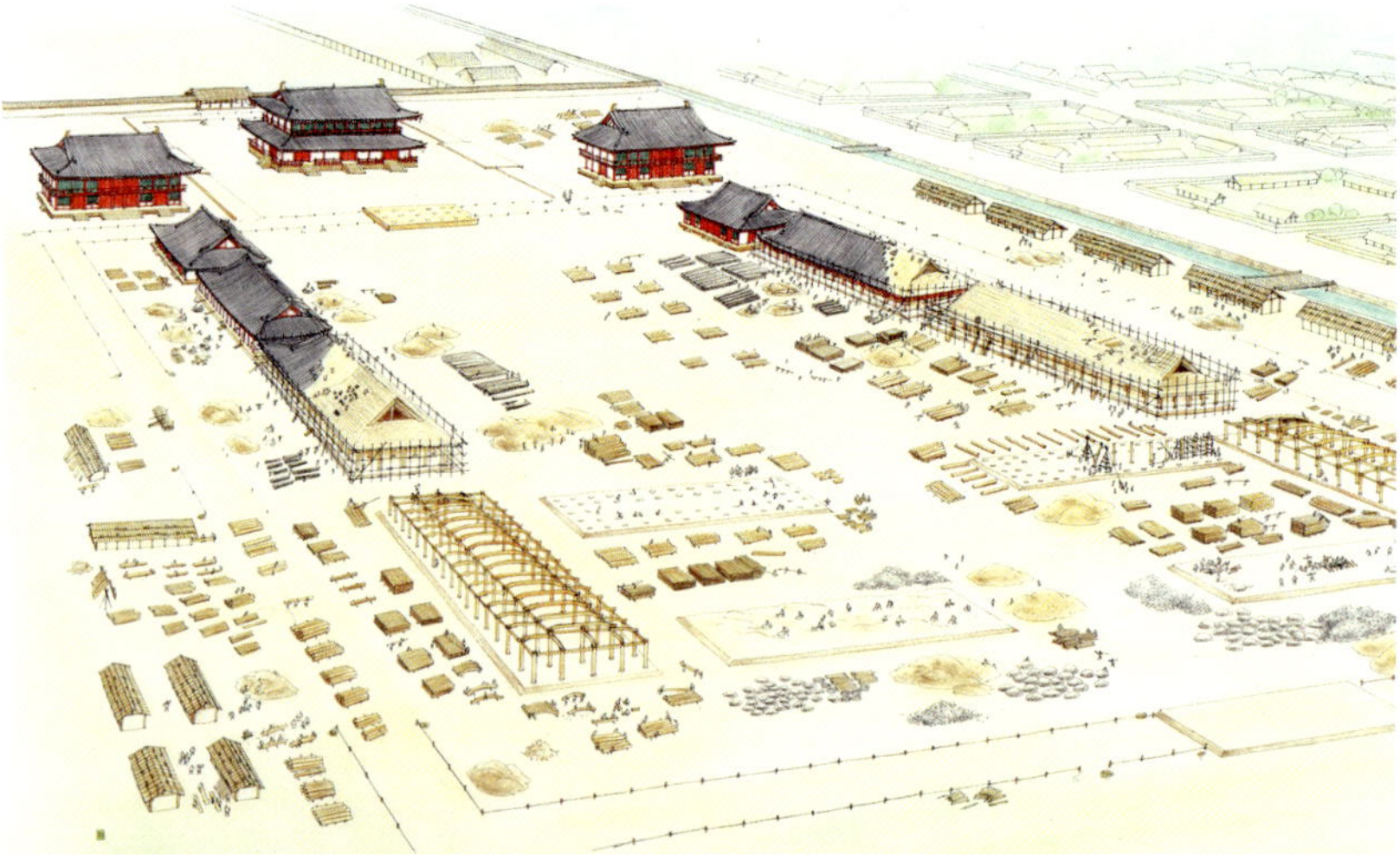

図9●藤原京の造営風景（早川和子作画）
藤原京では、大極殿、朝堂院、大垣などに瓦屋根が採用された。大極殿の造営が先行し、続いて朝堂院がつくられたことが近年の軒瓦研究から判明している。

原市の日高山《ひだかやま》瓦窯、御所《ごせ》市高台《こうだい》・峰寺《みねでら》瓦窯、生駒郡平群《へぐり》町の安養寺《あんようじ》瓦窯、大和郡山市の西田中《にしたなか》瓦窯のほか、和泉市、大津市、洲本市、三豊《みとよ》市などの遠隔地からも供給されており、新たに瓦窯として開設したもののほか、七世紀前半以来の須恵器《すえき》窯業地からも調達した。生産地が多様であったことから、瓦の寸法にも統一性がなく、屋根に葺く際に問題になったと考えられる。

平城京での瓦生産体制

このため藤原京から平城京への遷都では、藤原宮の大極殿などは移築され、その建物に使用されていた瓦も再利用しているが、藤原宮から搬入された瓦は数十パーセントで、平城宮朱雀門や大垣・中央区朝堂院の南門や塀に使用するには十分な量ではなく、平城宮造営に際して新たに瓦をつくる必要があった。

また、藤原京の建物では瓦の使用は比較的少なかったが、平城京では京内の建物でも瓦屋根が奨励された。実際には多くの建物は檜皮葺きか板葺きであったようで、七二四年（神亀元）、長屋王が政権の中心にいたときに、「板屋根は営みがたく破れやすい。五位以上及び庶民で可能な者は瓦舎を構築し、赤白と為すべし」との通達があり、京内の邸宅でも瓦屋根が奨励され、平城京全体では六〇〇万枚もの多量の瓦が使用されたといわれている。

なお、瓦は、瓦工人が自由に焼成して商品として売るのではなく、平城宮造宮《ぞうぐう》省の所管である造瓦所《ぞうがしょ》、京内は造平城京司の所管、寺院では特別に設置された造寺司《ぞうじし》の所管のもとで焼成された。その焼成場所として、平城宮の背後にある奈良山丘陵が指定されたのである。

第2章　古代瓦の見方と平城宮の瓦

1　本瓦葺きと古代瓦

現在私たちが住んでいる住宅の屋根は、桟瓦《さんがわら》かスレート葺きのものが多い。桟瓦は中央が谷のゆるい波状になっており、これをならべていく桟瓦葺きは江戸時代に広く普及した。それ以前は、平瓦と平瓦のつなぎ目に丸瓦を重ねた「本瓦葺《ほんがわらぶ》き」であった（図10）。

本瓦葺きに使用する瓦は、大半が丸瓦と平瓦で、軒先部分には丸瓦・平瓦の先端部分の瓦当《がとう》に文様を加えた「軒丸瓦《のきまるがわら》・軒平瓦《のきひらがわら》」があった。そのほかに斜面と斜面が交わる稜線の左右に積み上げて棟をおおうための「熨斗瓦《のしがわら》」、丸瓦列と平瓦列が熨斗瓦に接する隙間を埋める「面戸《めんど》瓦《がわら》」、垂木《たるき》の先端の木口部を飾る「垂木先瓦《たるきさきがわら》」、棟の端部をおおう「鬼瓦」、大棟の両端を飾る「鴟尾《しび》」などがある（図11・12）。

なお丸瓦には、葺き重ねるための段をもつ「有段式（玉縁《たまぶち》式）」と、段がなく一端にむかっ

図10 ● 復元された大極殿の屋根
平城遷都1300年にあたる2010年に完成した平城宮の第１次大極殿。本瓦葺きの屋根である。

図11 ● 屋根瓦の名称（写真は復元朱雀門）
平城宮第１次大極殿では10万枚の瓦が使用された。本瓦葺きは丸瓦・平瓦のほかに多種類の瓦が使われる。

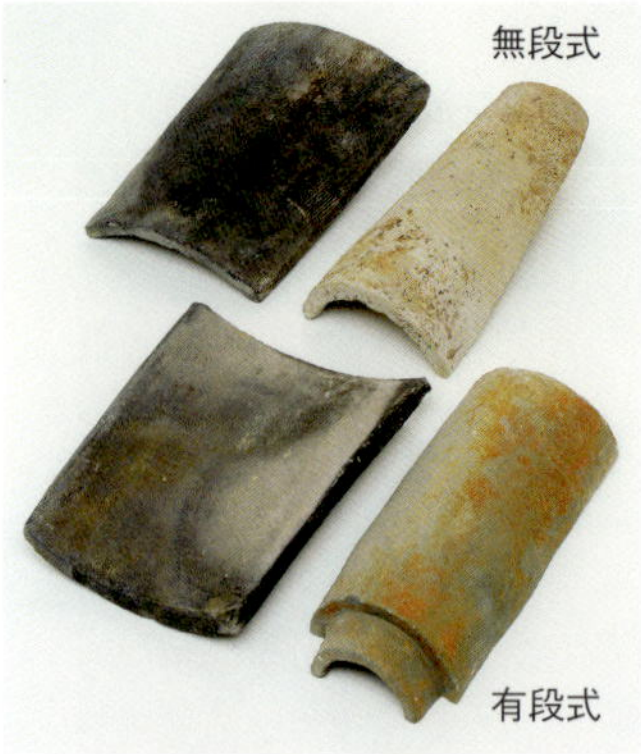

有段式と無段式の丸瓦

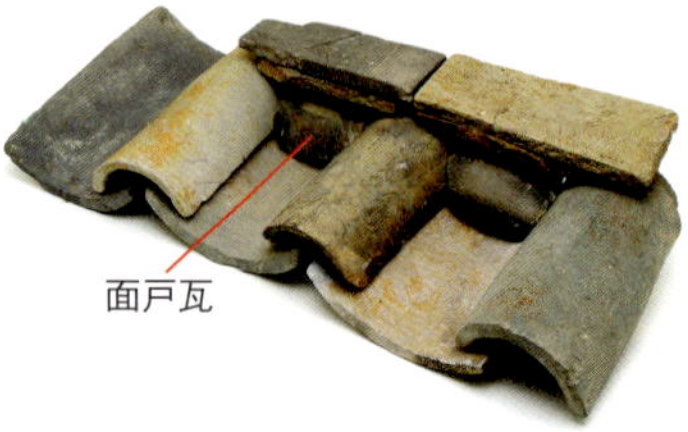

本瓦葺きの葺き方と面戸瓦

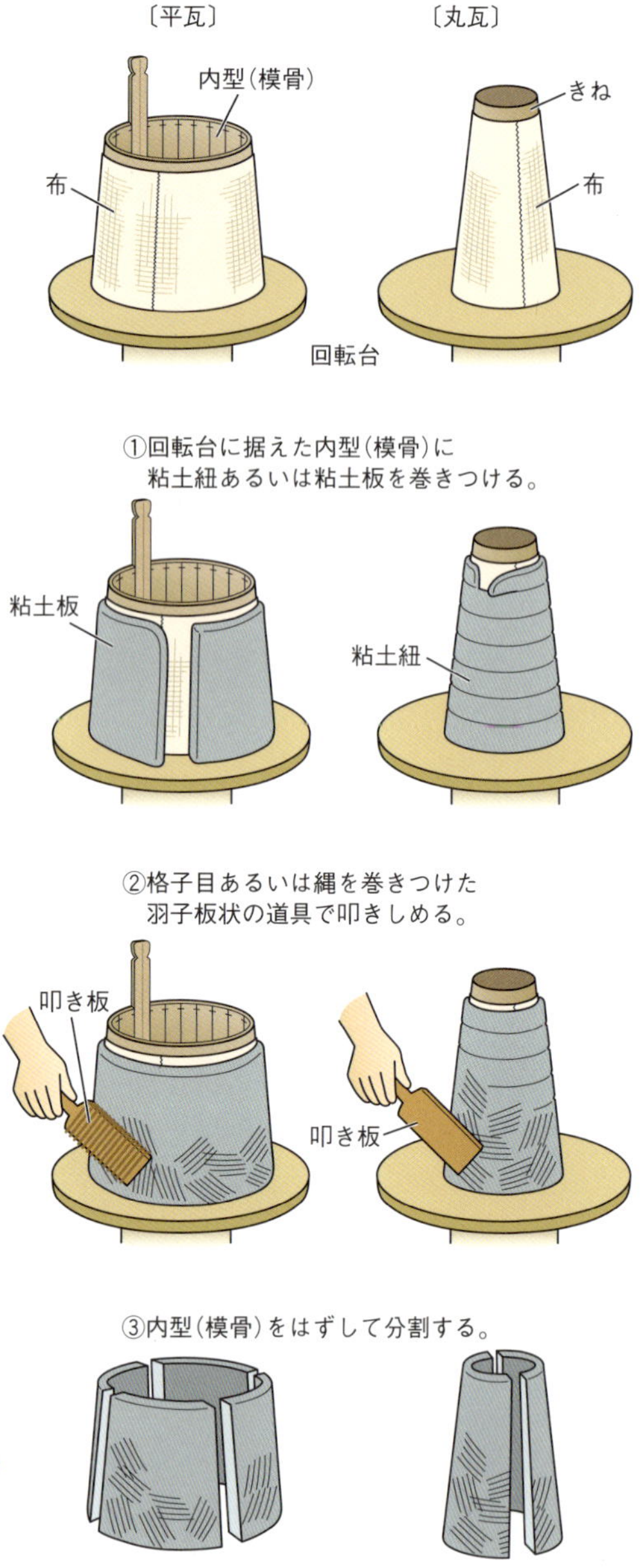

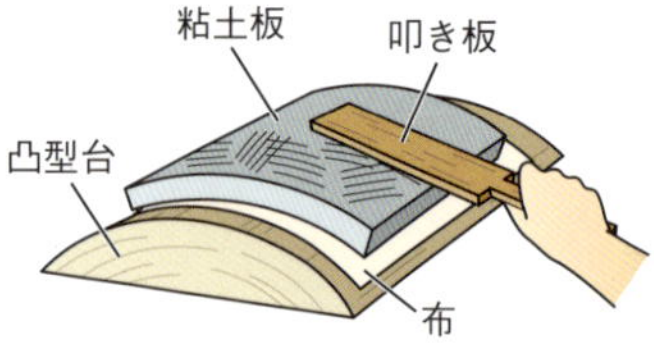

「凸型台一枚作り」

「粘土板（紐）桶巻き作り」

図12 ● 平瓦と丸瓦のつくり方

てせまくなる「無段式（行基式《ぎょうき》）」があるが、平城宮・京では有段式（玉縁式）のものが大半であった（図12）。

飛鳥時代から奈良時代前半までの瓦の作り方は、平瓦の場合、桶型の外側に粘土板を巻きつけて円筒をつくり、それを四分割する「粘土板桶《おけ》巻《ま》き作り」、粘土紐を桶型に巻きつけてつくる「粘土紐桶巻き作り」である。丸瓦の場合も、台の上に立てた円柱形のきね（内型）の周囲に粘土を巻きつけ半截《はんせつ》して成形する。内型を巻きつける粘土には、板状で成形したものと紐状で成形したものがあった（図12）。

大量生産が必要となった奈良時代中期以降は、平瓦は凸型台に一枚の粘土板をのせてつくる「凸型台《とつがただい》一枚作り」が多くなる（図12）。

2　軒丸瓦と軒平瓦

唐草文様と蓮華文様

丸瓦・平瓦の軒先部分に用いる軒丸瓦・軒平瓦の文様は建物を荘厳に飾るためにつけたもので、建物や瓦窯、時期によって変化していくが、その文様には系統がみてとれる。そこから第1章でみたように、瓦を供給した先の建物がわかったり、瓦窯の系譜がたどれたりする。

軒丸瓦の文様は百済・高句麗・新羅の影響を受け、光明の象徴でもある蓮華文が中心となっている。蓮華文様（図13）には、花弁に子葉《しよう》がない「素弁《そべん》」と一枚の花弁に子葉が一つある

「単弁《たんべん》」、そして複数の子葉をもつ「複弁《ふくべん》」がある。

飛鳥寺の軒丸瓦は素弁で、百済の表現法である桜花形花弁（花組）とよばれている先端に切り込みのあるものと、角端点珠（星組）とよばれている角張った花弁の先端に珠点を置くものがあり、二つの造瓦集団がかかわっていたといわれている（**図14①②**）。

単弁や複弁は飛鳥寺創建当初にはなく、単弁は七世紀中ごろ（**図14③**）、複弁は七世紀後半に出現する。複弁八葉蓮華文が主流となるのは七世紀末から八世紀である（**図14④**）。

軒平瓦は飛鳥時代当初にはなく、軒丸瓦におくれて手彫りで文様を描いたものや複数枚の平瓦を重ねたような重弧文《じゅうこもん》が出現する（**図14⑤**）。そして七世紀末から八世紀には、蔓《つる》を表現した唐草文が描かれるようになる。藤原宮式軒平瓦は、偏行《へんこう》唐草文とよばれるように、むかって左から右へ流れる蔓を描いていることが多い（**図14⑥**）。一方、平城宮では中心飾りから左右対象に描く均整《きんせい》唐草文が主流となる（**図6参照**）。

鬼瓦は幾何学文様のものが飛鳥時代にあり、奈良時代初期には鬼の顔から脚までの全体を表

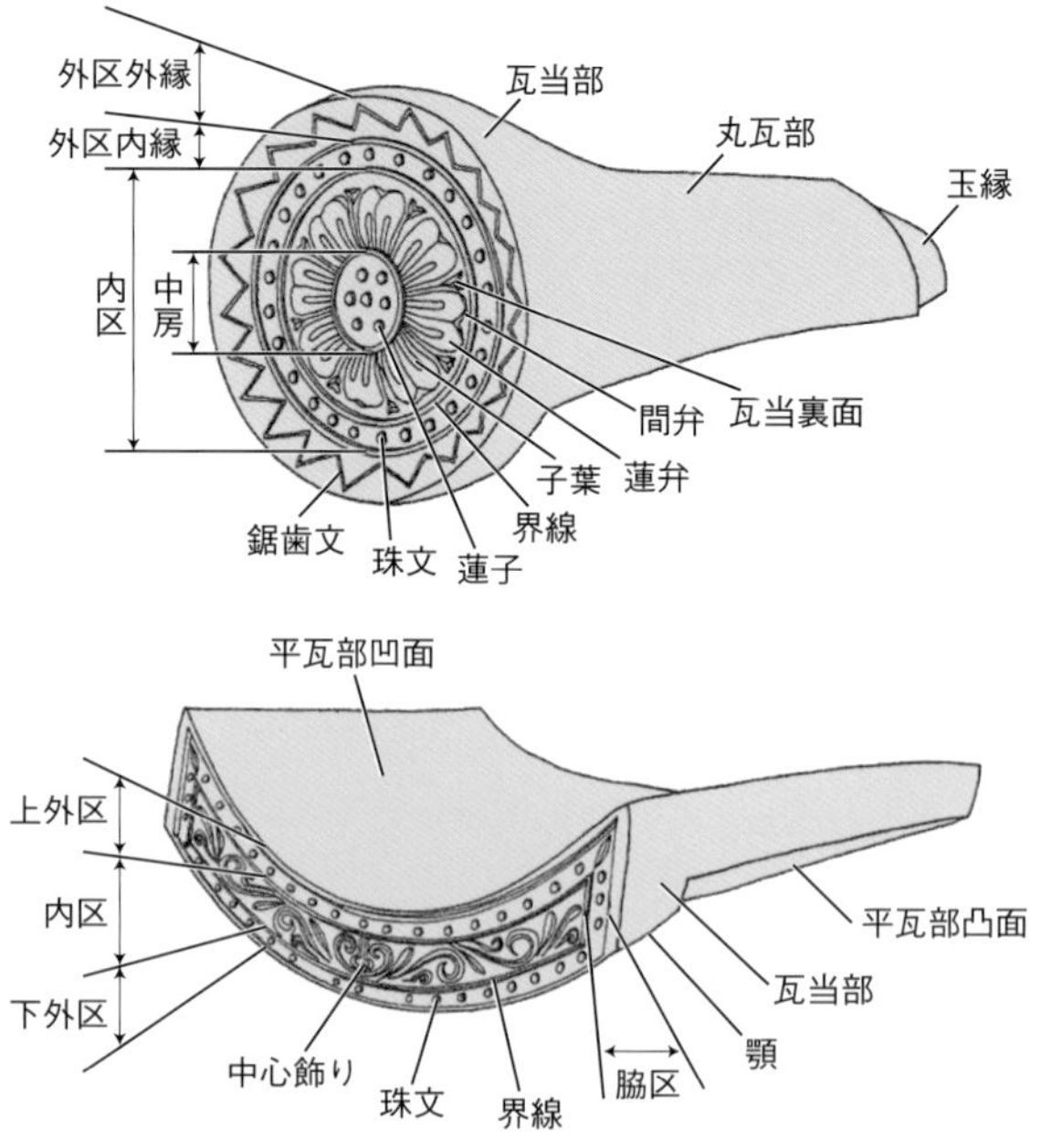

図13 ● 軒丸瓦・軒平瓦各部の名称

①飛鳥寺創建軒丸瓦（花組）

②飛鳥寺創建軒丸瓦（星組）

③坂田寺式単弁八葉蓮華文軒丸瓦

④複弁八葉蓮華文軒丸瓦（瀬後谷瓦窯）

⑤重弧文軒平瓦
（木津川市・神尾寺跡）

⑥偏行唐草文軒平瓦
（瀬後谷瓦窯）

図14 • 飛鳥〜奈良時代の代表的な軒丸瓦・軒平瓦

現した「鬼身文鬼瓦《きしんもん》」、後には顔のみを表現した「鬼面文鬼瓦《きめんもん》」にかわる（図15）。

瓦笵と笵傷・笵割れ

軒平瓦・軒丸瓦の先端部分、優美な文様がある部分を瓦当というが、その製作にさいしてはまずコンパスや定規を用いた設計図（デザイン）があった。画工・画師が設計図を描き、その設計図（デザイン）をもとに、木工・仏工が木に型を彫ったのである。この型を瓦笵《がはん》とよんでいる。

先にみた瀬後谷瓦窯の軒丸瓦は八葉を意識した割り付けであり、四・六・八の偶数の区画はコンパス・定規を組み合わせて割り付けることが可能である。一方、奇数をコンパス・定規で均等に割り付けることはむずかしく、奇数の花弁を表現するものは少ない。その点で京都府京丹後市の俵野《たわらの》

図15 ● さまざまな鬼瓦
安定させるために下辺中央の凹みがあり、鬼面中央には紐を通して固定するための孔があいている。

廃寺《はいじ》の軒丸瓦はめずらしく七葉になっているが、均整はとれていない（**図16**）。

瓦笵に粘土を押し込んで瓦当部をつくったのち、それを丸瓦あるいは平瓦と接合して形が完成すれば、あとは焼成することで瓦となる（**図17**）。なお、瓦当部と丸瓦の接合方法には、乾燥した丸瓦部に未乾燥の瓦当部を接合する「接合式」と、未乾燥の丸瓦部と瓦当部を同時に成形する「一本作り」がある。

瓦笵に一つずつ粘土を押し込んで瓦当部をつくっていくさい、木製の瓦笵は何度も粘土を押し込むことによって、彫り込まれた凸凹が破損して笵傷《はんきず》が生じたり、また何度も使い込んでいくと木笵自体が割れて笵割れが生じたりすることもある。さきほど紹介した瀬後谷瓦窯の軒平瓦（**図６参照**）も、こうして生じた笵割れが瓦当文様にあらわれているのである。

笵傷や笵割れが生じたら、瓦笵を新しくつくればよいのではと思うかもしれないが、軒瓦の文様は瓦工人が自由に描くのではなく、国家・役人がそのデザインを決め、認可したものであり、自由に描き、彫ることのできるものではなかった。

文様から型式を考える

軒丸瓦は前述のように蓮の花を図案化したもので（**図13参照**）、中

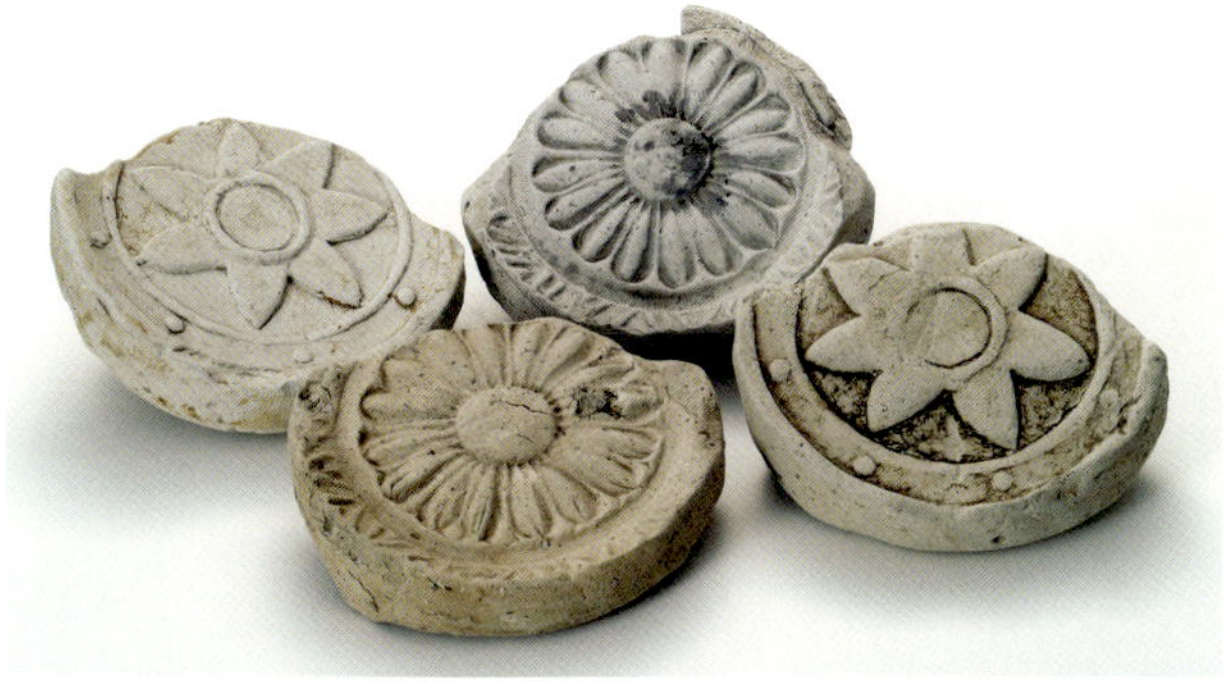

図16 ● 俵野廃寺の七葉の軒丸瓦
俵野廃寺では２型式の軒丸瓦が出土しており、一つは七葉を表現したもので、稚拙なデザインになっている。

心部の「内区《ないく》」には蓮の実を表現した中房《ちゅうぼう》があり、六二九八Aでは一＋五の蓮子《れんじ》が表現されている。中房の外側には放射状にひろがる花弁、花弁の外側には区画線である界線があり、その外側を外区とよんでいる。外区にはつぶ状のでっぱりである珠文や、珠文の外側の外縁に鋸歯文《きょしもん》を描いているものもある。

軒丸瓦六二九八Aといっしょに出土した軒平瓦六六六四Ｉは蔓を表現した唐草文と説明したが、中央には花頭《かとう》文や三葉《さんよう》文などの中心飾りがあり（図18①②）、ここから左右に唐草はのびている。唐草が上向きになったり下向きになったりしており、その向きの違いで三回転とか四回転と数える（図18③④）。唐草の外側には区画線があり、区画線の内側を内区、外側を外区とよびわける。外区には珠文を配するものがある。

このように軒丸瓦では中房の大きさや珠文の数、複弁か単弁か、花弁の数や外区の珠文の数などから、軒平瓦では中心飾りの形状、唐草文の回転数、外区の珠文や鋸歯文の特徴によって細分し、型式名や種名をつけている。

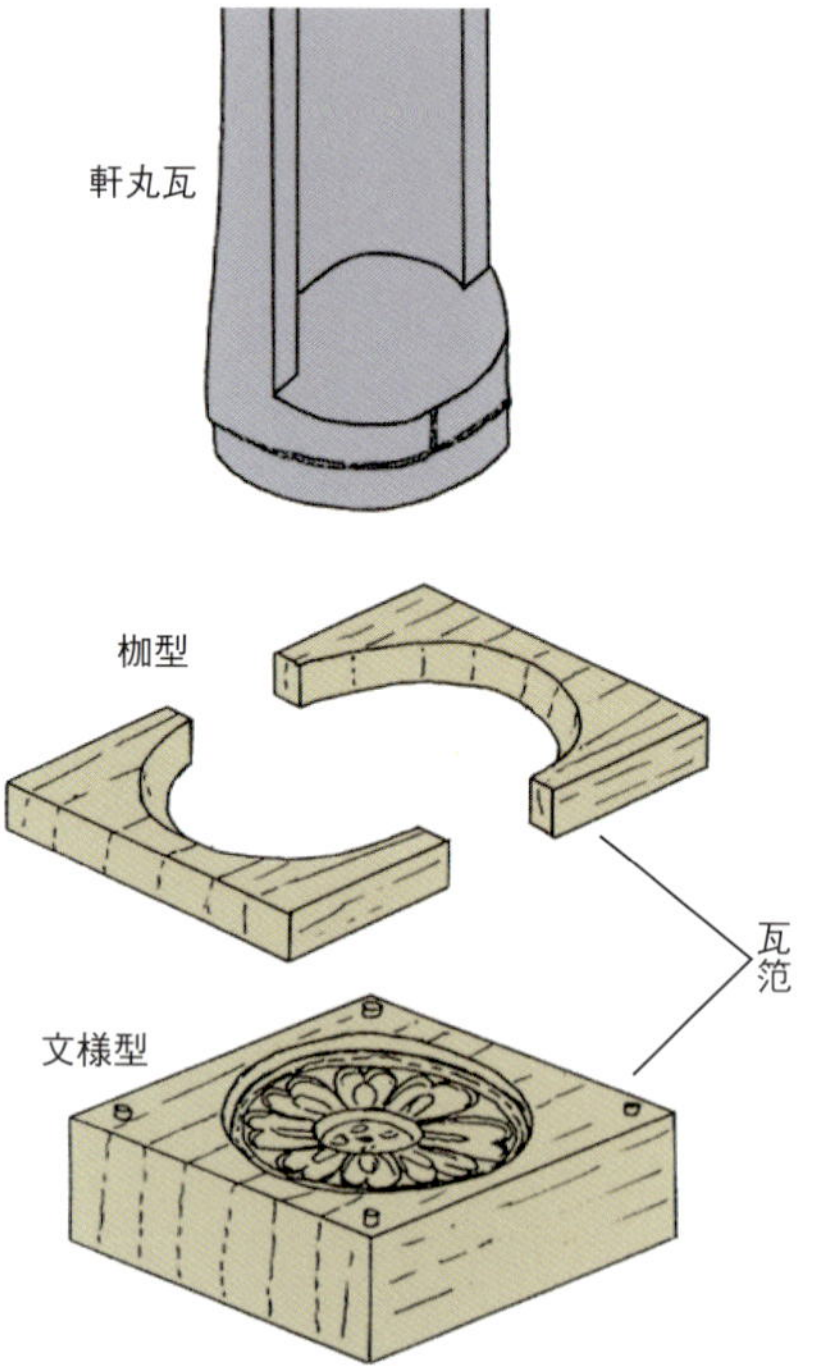

図17 ● 瓦当部作成の模式図
文様を彫り込んだ瓦笵に瓦当部を押し込んで文様をつけていく。

3　平城宮の軒瓦の時期区分

平城宮・京では、発掘調査によって出土した軒瓦の文様を詳細に検討し、奈良時代の七四年間を五つの時期に細分している（図20・表1）。

第Ⅰ期は七〇八年（和銅元）から七二一年（養老五）ごろで、第一次大極殿の瓦が典型である（図19①）。軒丸瓦の中房の蓮子は藤原宮の二重に対して一重で、鋸歯文は突出した表現から線表現にかわる。平城宮式軒瓦の基礎になったといわれている。

第Ⅱ期は七二一年ごろから七四五年（天平一七）までで、前半期は内裏《だいり》の造営が盛んにおこなわれた時期にあたる（図19②）。後半期は恭仁宮《くにきゅう》の造営にはじまり、平城京還都《かんと》までである。この時期の軒丸瓦は、これまでの複弁以外に単弁がみられるようになる。軒平瓦は瓦当部下面の顎《あご》の形状が、これまでの段顎《だんあご》から曲線顎《きょくせんあご》へと変化する。

第Ⅲ期は七四五年から七五七年（天平宝字元）までで、

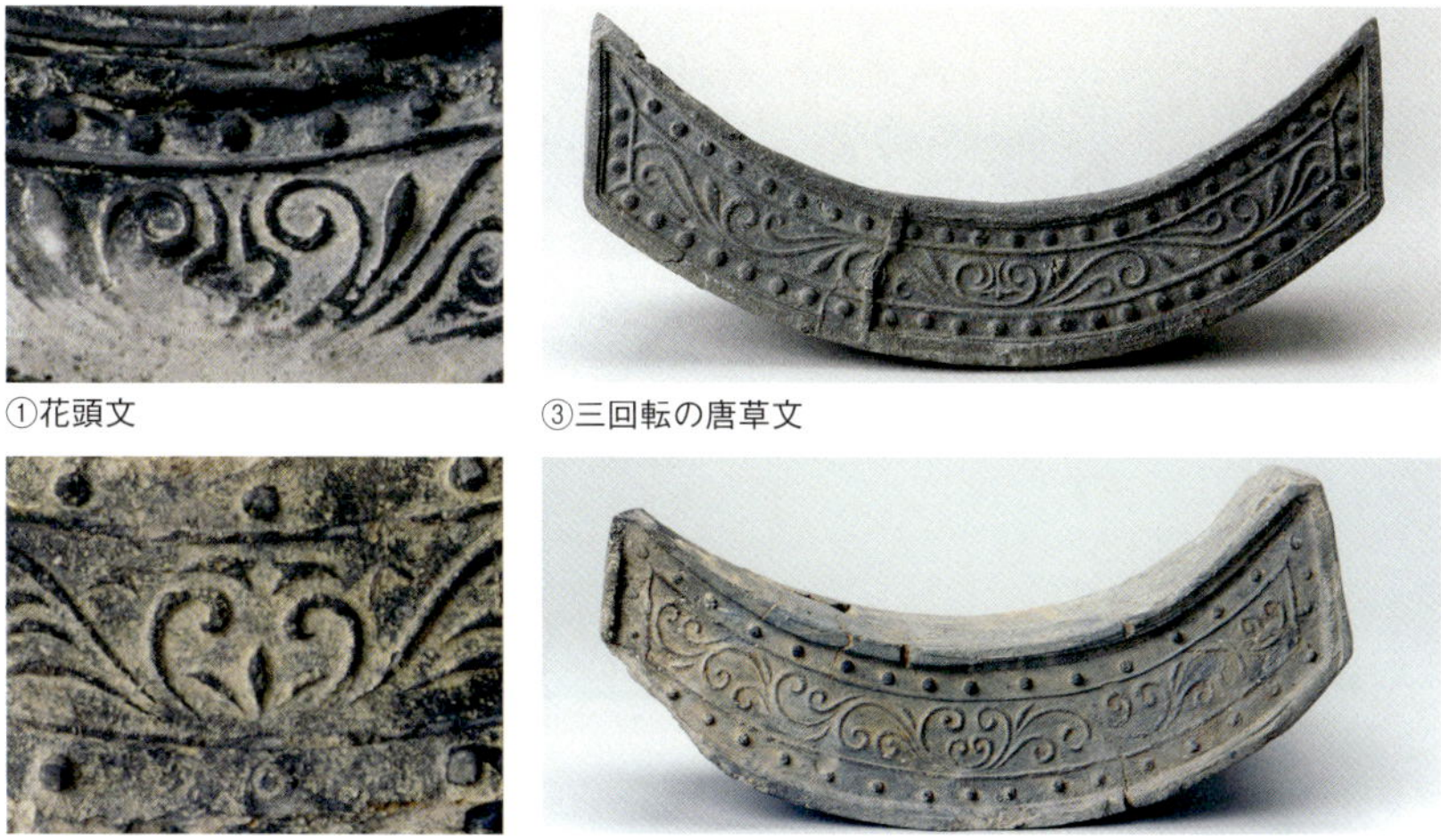

①花頭文　③三回転の唐草文

②三葉文　④四回転の唐草文

図18 ● 軒平瓦の唐草文
奈良時代の軒平瓦の大半は中央に花や草をあしらった中心飾りがあり、この中心飾りから両側へ均等に唐草文様が配置されている。

平城宮に第二次大極殿（東区大極殿）が造営される。その軒丸瓦の外区は二重の圏線に、鋸歯文も凸鋸歯文に変わる（図19③）。軒平瓦の外区もこれまでの珠文がなくなり、二重の圏線だけとなる。軒平瓦の顎は曲線顎のみとなる。またこの時期の特徴として、軒平瓦が凸型台一本作りとなる。

また、第Ⅲ期には東大寺造営にともない、平城宮式に対して東大寺式とよばれる、中房が大きく外区に珠文をまばらに配置した瓦が登場する。軒平瓦は中心飾りに三葉文や対葉花文を組み合わせた多数の支葉で飾られている。

第Ⅳ期は七七〇年（宝亀元）までで、花弁を二重に重ねた蓮華文と細かい支葉を施した唐草文で、瓦当面や外からみえる部分に緑色の釉薬を施した瑠璃瓦が焼成されるようになる。この時期には唐招提寺・西大寺・西隆寺が造営される。

第Ⅴ期は七八四年（延暦三）までで、単弁の蓮華文がやや硬直化した唐草文に変わり、飛雲《ひうん》文《もん》も出現している。

『平城京・藤原京出土軒瓦型式一覧』に収録された軒丸瓦は一〇〇型式三一二種、軒平瓦は八四型式二八八種にもなり、一九九六年版では軒丸瓦は六〇〇一～六四四九で、単弁は六〇四〇から六一九九、複弁は六二〇〇～六三六九、軒平瓦は六五〇一～六八八九で、偏行唐草文は六六四〇～六六五四、均整唐草文は六六五五～六七九九までに割りふってある。四桁の数字は、最初の六は奈良時代をあらわし、毎年型式・種が増加している。基本的にはこの四桁の数字で、軒丸瓦なのか軒平瓦なのか、その文様は何なのかが表現されているわけだ。

①第一次大極殿の軒瓦〔第Ⅰ期〕

②内裏の軒瓦〔第Ⅱ期〕

③第二次大極殿の軒瓦〔第Ⅲ期〕

④単弁の軒丸瓦と東大寺式軒平瓦〔第Ⅳ期〕

⑤飛雲文の軒丸瓦〔大津市・惣山遺跡、第Ⅴ期〕

図 19 ● 奈良時代のさまざまな瓦
本書冒頭に紹介した瀬後谷瓦窯の不均等な蓮華文を配した軒丸瓦は、文様の特徴や同じ灰原で出土した軒瓦の特徴から、平城宮瓦編年の第Ⅱ期にあたる。

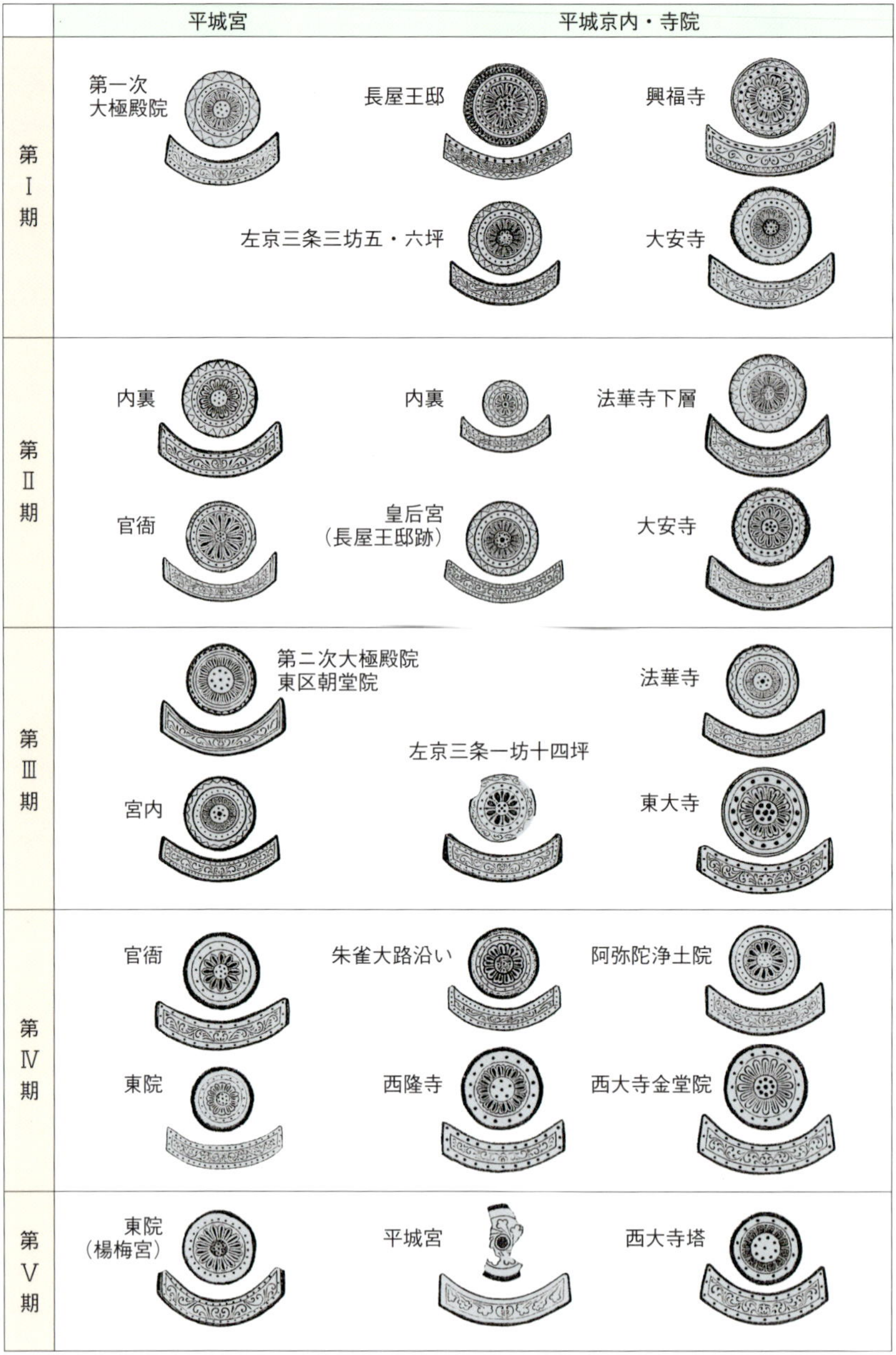

図20 ● 平城宮・京出土軒瓦の変遷
平城宮・京で出土した軒瓦の詳細な検討によって区分されている。

区分	小区分	年代	おもなできごと	
第Ⅰ期	1	708年	708年（和銅元）	平城遷都の詔・造平城京司の設置
			710年（和銅3）	平城京遷都
	2	715年	715年（霊亀元）	元明天皇譲位、氷高内親王即位
			720年（養老4）	藤原不比等没する
第Ⅱ期	1	721年ごろ	721年（養老5）	藤原房前が内臣になる
			724年（神亀元）	元正天皇譲位、首皇太子が即位
	2	729年	729年（天平元）	長屋王の変
			733年（天平5）	橘犬養三千代没する
			738年（天平10）	阿倍内親王立太子、橘諸兄が右大臣になる
			740年（天平12）	藤原広嗣の乱、恭仁京遷都
第Ⅲ期	1	745年	745年（天平17）	平城京還都
				東大寺大仏造立開始
			748年（天平20）	元正太上天皇没する
	2	749年	749年（天平勝宝元）	聖武天皇譲位、阿倍皇太子が即位
			752年（天平勝宝4）	大仏開眼
第Ⅳ期	1	757年	757年（天平宝字元）	藤原仲麻呂紫微内相となる
				橘奈良麻呂の乱、聖武天皇一周忌
			762年（天平宝字6）	孝謙太上天皇と淳仁天皇が不和
				孝謙太上天皇は法華寺、淳仁天皇は中宮院に
			764年（天平宝字8）	藤原仲麻呂の乱、孝謙太上天皇重祚
	2	765年	765年（天平神護元）	西大寺造営開始
			767年（神護景雲元）	東院玉殿完成
第Ⅴ期		770年	770年（宝亀元）	白壁王即位
			773年（宝亀4）	山部親王が皇太子となる
			781年（天応元）	光仁天皇譲位、山部皇太子即位
		784年	784年（延暦3）	長岡京遷都

表1● 平城宮・京出土軒瓦の時期区分

第Ⅰ・Ⅱ期は第1次大極殿の時期、第Ⅲ期以降は平城京還都後になる。

第3章　奈良山瓦窯群の展開

1　なぜ奈良山丘陵に

粘土・砂・マキの供給

私たちが住んでいる丘陵・台地・河川は、いまから三億年〜一億五〇〇〇年前に形成されはじめたといわれている。その後いく度となく地形変動をくり返すが、大阪湾から伊勢湾にかけての近畿地方は、およそ五〇〇万年前の鮮新世《せんしんせい》に沈降しはじめ、京都以西に海水が浸入するようになる。

そして一五〇万年前ごろになると、今度は大阪湾周辺から山城盆地一帯にかけて山地が隆起し、低地は沈降して起伏が増幅する。河川は激しく浸食し、礫などを多量に運んだ。こうしてできた大阪湾から奈良山丘陵にひろがる洪積層《こうせきそう》を「大阪層群《おおさかそうぐん》」と名づけている。

「大阪層群」にはかつて海水が浸入していたため、淡水性粘土とともに海水性粘土が堆積しており、この粘土が陶器・瓦をつくるのに適していた。奈良山丘陵では海水性粘土が豊富に採取できたといわれている。また、粘土にまぜる混和材の砂も奈良山丘陵では確保が容易だった。

さらに奈良山丘陵には、窯を操業するための多量の燃料、マキをとるための林もひろがっていた。いまでこそ奈良山丘陵には住宅地が密集しているが、私が瀬後谷瓦窯の調査を進めていた一九八〇年代は竹やぶであった。この竹やぶは明治以降に植林されたもので、かつては照葉樹林（カシ類・シイ類）がひろがっていたと思われる。

こうした多量の粘土と砂、マキが豊富であることから、奈良山丘陵が瓦窯の地に選ばれた。ちなみに、奈良山丘陵で本格的な瓦生産が開始されてからは照葉樹林がなくなり、原生林が破壊された後に生まれる二次林である二葉松《にようまつ》類に変わる。奈良時代以降、奈良山丘陵の北側を流れる木津川は氾濫をくり返したというが、これは瓦窯の燃料や建材として木がとりつくされ、山がやせて保水作用がなくなったためと考えられる。

瓦窯操業以前の奈良山丘陵の窯

縄文時代から古墳時代前期まで、日本では焼成温度一〇〇〇度未満で、特別の窯を用いない素焼きの土器をつくっていた。その後、古墳時代中期（五世紀）に、中国・朝鮮半島から大陸の文物とともに須恵器窯《すえきがま》が伝来する。

須恵器窯は丘陵斜面を利用してつくられた、一〇〇〇度以上の高温に耐えられる精良な粘土を使用し、轆轤《ろくろ》成形によって壺・甕《かめ》・坏《つき》・高坏《たかつき》などをつくった。この須恵器焼成技術を援用して、古墳の墳丘にならべる埴輪を焼成するための窯(埴輪窯《はにわがま》)がつくられるようになる。古墳時代を代表する埴輪は土師器《はじき》と同様、特別な窯を設けず、焼成温度一〇〇〇度未満で焼成されていたが、中・後期には須恵器焼成技術を用いて硬質に焼きあげたのである。

埴輪窯は、大阪府羽曳野《はびきの》市の誉田御廟山《こんだごびょうやま》古墳をはじめとした古市《ふるいち》古墳群で使われたのが最初といわれているが、奈良山丘陵の一角でも初期の埴輪窯がつくられている。それは京都府木津川市の瓦谷《かわらだに》埴輪窯(三基)と上人ヶ平《しょうにんがひら》埴輪窯(三基、**図21**)である。

瓦谷・上人ヶ平の二カ所の埴輪窯で焼成された埴輪の観察から、瓦谷埴輪窯の製品はウワナベ古墳(全長二五六メートル)への埴輪供給をおもな目的としたことがわかる。また、続く上人ヶ平埴輪窯もウワナベ古墳への埴輪供給を目的とした埴輪窯ではあるが、その一部は埴輪窯と同じ丘陵につくられた上人ヶ平古墳群へ供給されていたことが明らかとなった。

上人ヶ平古墳群は、造り出しつき円墳である5号墳を中心に、一辺二〇メートル程度の小規模な方墳からなる小規模古墳群だが(**図52・53参照**)、埴輪、とくに形象埴輪は小規模古墳にも

図21 ● 上人ヶ平埴輪窯
ウワナベ古墳、上人ヶ平古墳群へ埴輪を供給するためにつくられた初期の埴輪窯。斜面に3基が並列している。

かかわらず多彩で（図54参照）、ウワナベ古墳へ供給するための埴輪の一部を使用することを許された埴輪製作工人の古墳と考えている。

ウワナベ古墳の造墓を契機として近接した場所に瓦谷埴輪窯・上人ヶ平埴輪をつくる必要があったとはいえ、埴輪をつくる粘土・マキ・水という条件が整った窯業地として適した場所が奈良山丘陵であることが、古墳時代から認識されていたのである。

官営瓦工房の創設

平城京では藤原京にならい、宮の中枢部や大垣のほか、京内の建物にも瓦屋根が使用されたようで、七二四年（神亀元）には「板屋根は営みがたく破れやすい。五位以上及び庶民で可能な者は瓦舎を構築し、赤白と為すべし」との太政官奏上がある。実際、実現したかどうかはわからないが、京内の大型建物には瓦葺きのものもあったことは明らかであり、平城宮や京の建物群に使用された瓦の枚数は五〇〇万枚とも六〇〇万枚ともいわれている。

宮内の各省庁の建物や京内の貴族の建物などに使用された平城宮・京の瓦は、寸法がほぼそろっていて、焼きあがりの色調も統一されている。これは管理者（役所）が強く規制したためである。多量の瓦を必要とする平城京では、これまでの遠隔地からの瓦供給をやめ、平城宮の背後にある奈良山丘陵に、生瓦をつくる建物と瓦窯などから構成された瓦工房（瓦屋《かわらや》）を創設し、一括管理する「官営瓦工房」として操業したのであった。

供給のルートと瓦窯の分布

古代の瓦の重量は、平瓦一枚が六キロ前後、小ぶりで薄い平瓦でも四キロ前後はあった。玉縁をもつ丸瓦では一本が二キロ弱、軒平瓦になると一枚六キロ前後にもなる。

この重い瓦を生産地（瓦屋）から供給先（平城宮・京）へ運ぶのはたいへんな作業である。最近の藤原京の調査では、造営に際して物資運搬のための運河を開削していたことがわかっているが、平城京でも左京の佐保《さほ》川、右京の秋篠《あきしの》川が利用された。それでも水路にいたるまでは瓦屋から陸路で運ぶ必要があり、その場合には荷車を利用したようである。

このため、奈良山瓦窯群の分布は運搬ルートと深い関係があり、現在、焼成された製品の平城宮・京への運搬には五つのルートが想定されている（図22）。

Aルートは、丘陵西側で現在の県道五二号線を南下するルートである。秋篠川沿いを行き、平城京西一条大路へつながるもので、このルートに中山瓦窯・押熊《おしくま》瓦窯・奈良山五一号窯がある。なかでも中山瓦窯は、平城宮の造営にかかわった官営瓦工房である。

Bルートは、現在の近畿日本鉄道京都線の沿線に相当するルートで、山陰・山陽併用道になっている「渋谷《しぶたに》越え」と名づけられ、南下すると平城京西一坊大路にあたる。このルートに山陵《みささぎ》瓦窯がある。

Cルートは、「歌姫《うたひめ》街道」とよばれている狭い谷筋を抜けるもので、平城京朱雀大路《すざくおおじ》の延長道路である。このルートに音如ケ谷《おんじょがだに》瓦窯・歌姫西《うたひめにし》瓦窯がある。

Dルートは、現在の国道二四号線になっている幹線道路で、平城京東三坊大路の延長道路である。このルートには歌姫瓦窯・瀬後谷瓦窯・市坂《いちさか》瓦窯・五《ご》領《りょう》池東《いけひがし》瓦窯がある。さらにその先に鹿背《かせ》山《やま》瓦窯がある。

Eルートは、Dルートのような幹線道路ではなく、狭い里道程度で、南下して東大寺につながる。

以上のことを念頭において、また**図23**の主要瓦窯の平面図と**図24**の各窯の活動期の変遷も参照しながら、各瓦窯をみていくことにしよう。

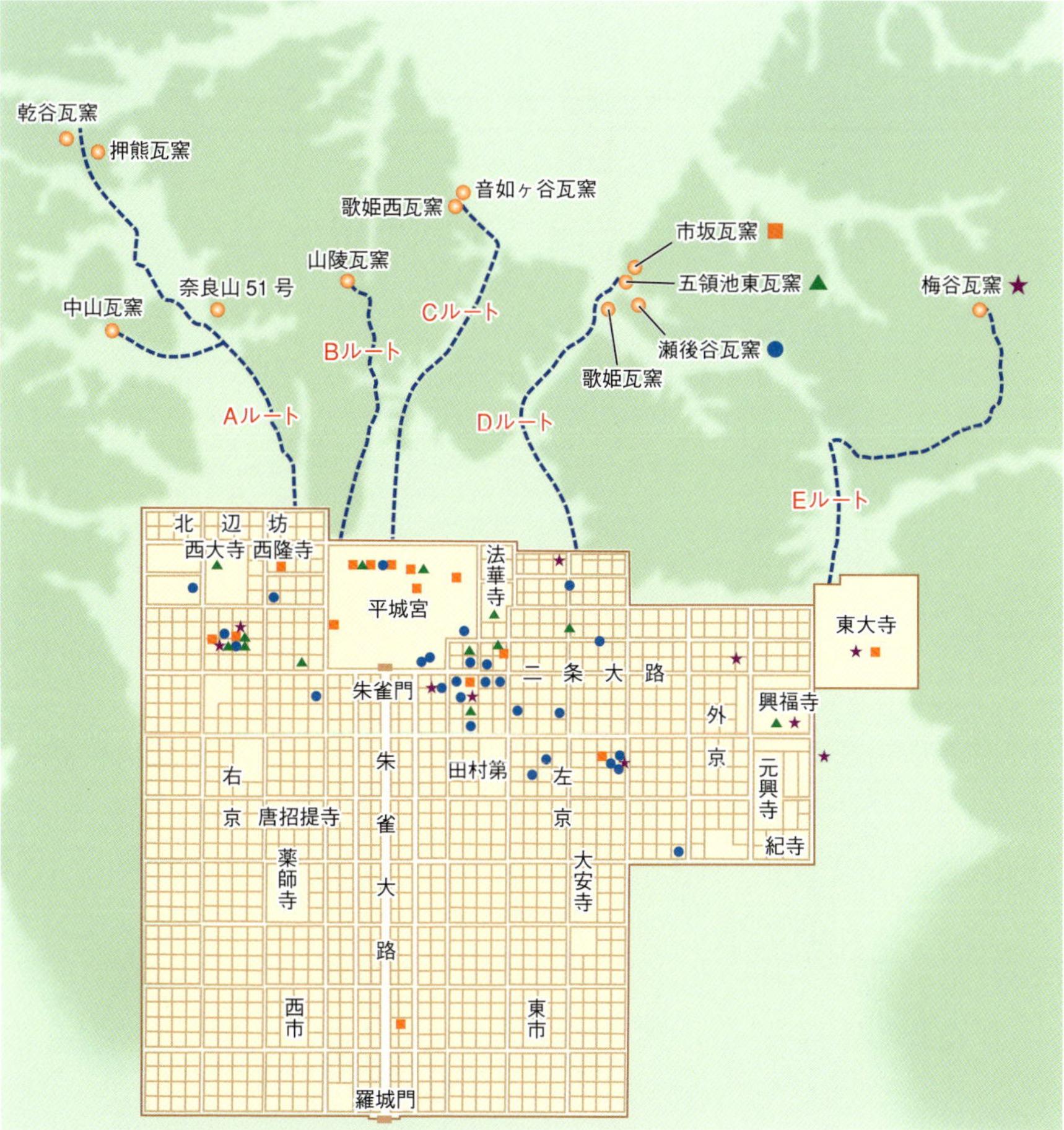

図22 ● 奈良山瓦窯群から平城京への運搬ルート
各瓦窯は、平城京への運搬ルートを考えて配置されている。D・Eルートの瓦窯で生産された瓦と同様のものが、平城宮・京の各地から出土している。

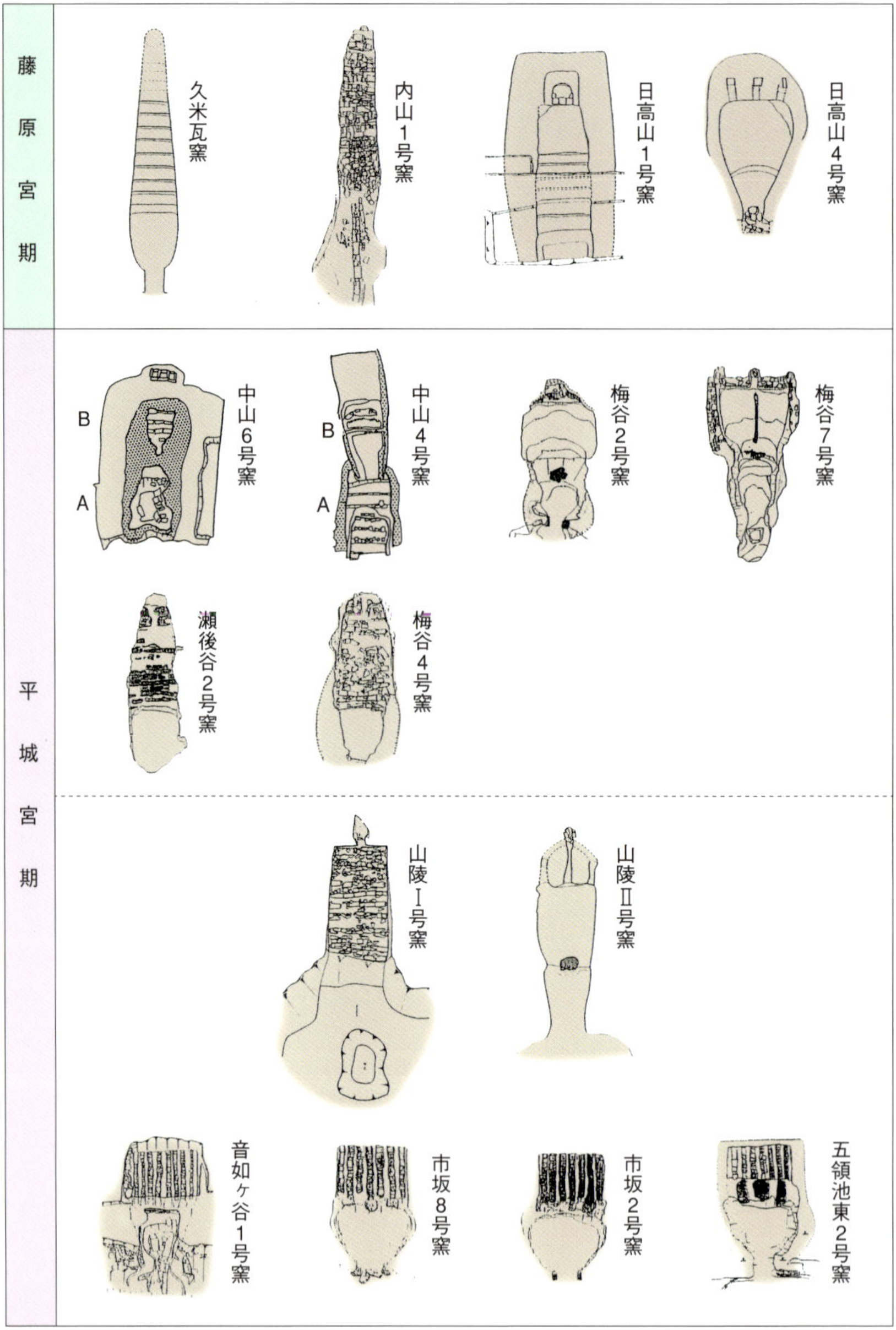

図23 ● 奈良山瓦窯群の窯の平面

形態の異なる瓦窯が数多くあるが、それは須恵器窯に由来する藤原宮期の窖窯（あながま）から有畦式平窯（ゆうけいしきひらがま）への試行錯誤の過程をあらわしている。

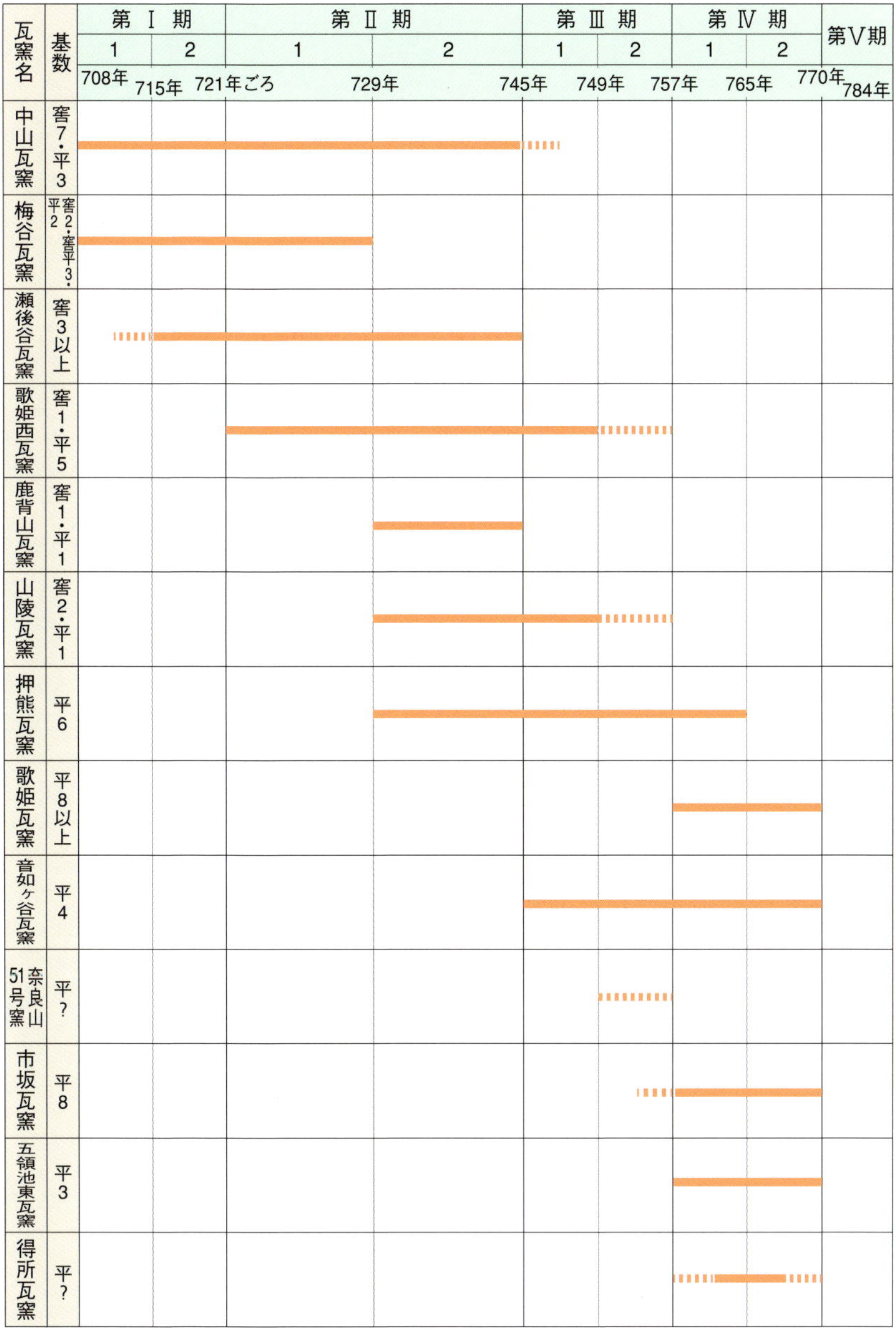

図24 ● 奈良山瓦窯群の変遷図

窯の構造、出土した瓦の特徴と平城宮・京出土の軒瓦の変遷をもとに、各瓦窯の操業時期を想定した。

2　平城宮造営にかかわる中山瓦窯

中山瓦窯の発見

奈良市の中心街からみて北西部に中山町がある。平城京の東方を南北に流れる秋篠川の起点で、西大寺所蔵の「京北班田図《けいほくはんでんず》」の「瓦屋里」に相当する。先の運搬ルートでいうとAルートにあたる。一九七二年のこと、この町のある住民から、自宅の庭の整備工事で多量の瓦が出土したと奈良県教育委員会に連絡があった。

このあたりは平城ニュータウンの一角で、造成がはじまった一九六四年に遺跡があるかどうかを確認するための分布調査をおこなった結果、二四地点で遺跡が確認されていた。そして一九七二年から、奈良国立文化財研究所が瓦窯・古墳の調査を進めていた地域であった。

さっそく同研究所が発掘調査を実施し、七基の瓦窯を検出した。ただし、調査範囲も調査期間も限られた緊急発掘調査であり、瓦窯の構造や出土遺物の全容解明までにはいたらなかった（図25）。

現地は奈良山丘陵の南西の小支丘の裾で、低地には田畑が広がってはいたものの、まわりをみわたせば平城ニュータウンの造成工事によって整備された住宅地が立ちならんでいた。緊急発掘調査後、瓦窯は埋め戻されて地下に保存されてはいるが、私が訪ねたときには、遺跡の所在を示す説明板もなく、近隣の方に瓦窯の位置をお聞きしても知らないと言われた記憶がある。

緊急発掘調査がおこなわれてから四二年後の二〇一四年、今度は前回の調査地の北側、小支丘の一段上の部分で宅地造成が計画された。瓦窯は丘陵斜面のほぼ同じ等高線上に規則的に配置されている場合が多い。前回の調査区の丘陵上位での工事計画であることから、瓦窯の存在は見込めないと思われたが、念のため工事時の厳重立会で対応していたところ、三基の瓦窯がみつかり、緊急発掘調査をおこなった。

前回と同様、限られた範囲の調査のため、窯の構造は確認できたものの調査は一部にとどまり、焼成した製品も一部を確認したのみだった。それでも鬼身文鬼瓦（**図26**）や大極殿院で使用した軒瓦が出土し、四二年前の調査ではわからなかった窯構造や瓦窯のひろがりが明らかになる重要な成果が得られた。この調査を契機として中山瓦窯の重要性が再認識され、二〇一六年三月に二次にわたる調査でみつかった瓦窯は史跡に指定された。

瓦窯の基本構造と窨窯構造

検出した窯体構造および多量に出土した軒瓦・鬼瓦を含む瓦類から、以後の平城京の調査成果とあわせて、中山瓦窯は平城遷都が決まった七〇八年（和銅元）から天平年間（七二九〜七四八年）までの長期にわたって操業

図25 ● 中山瓦窯全景
緊急発掘調査によって住宅地の庭でみつかった。写真中央が6号A・B窯、その奥に7号窯、さらに奥に1・2・3号窯がならぶ。6号窯の右手は5号窯で、右の塀ぎわが4号窯。

した奈良山瓦窯群の中心的な役割をになう瓦窯であることが明らかとなった。また、飛鳥時代からはじまった瓦窯が平城京でいろいろと工夫され、より効率の良い窯構造に変化していくこともわかってきた。

中山瓦窯の構造は、須恵器窯から派生した「窖窯《あながま》」とよんでいるものである（図27）。

須恵器窯は、丘陵斜面の傾斜地をトンネルあるいは溝状に掘り込んで床面と側壁を築く。天井は、溝状の場合には新たに粘土でおおってつくる。

須恵器や瓦、さらには陶磁器を焼成する窯は、直接炎をあてて焼くのではなく、窯体内の温度が高温になることで焼きあげるものである。窯体内部の温度は、須恵器の場合一〇〇〇度以上になる。窯の構造は、マキを入れて燃やす「燃焼部」と成形した生製品を詰めておく「焼成部」に大きく分かれる。焼成部に流れた炎はその奥や天井にある排煙施設（煙道《えんどう》）を抜けて地上に流れるようにつくられている。

燃焼部は長さ二メートル未満で、前面には幅四〇センチ前後の焚口《たきぐち》があり、奥へ徐々に広がっている。焚口の前面には、マキや製品を置いたり、燃焼したマキの灰をとり出す作業空間で

図26●中山瓦窯出土の鬼身文鬼瓦
2014年の調査で焚口付近から出土した。鬼の顔から脚まで全体を表現した平城京初期の鬼瓦である。

ある「前庭部」があり、焚口からかき出した炭や灰、ときには焼成に失敗した不良品を廃棄した堆積層がひろがっている。これを灰原《はいばら》とよんでいる。なお、瓦窯は、焼成部と燃焼部の境に三〇センチ以上の段差（階《かい》とよんでいる）を設けて、燃焼部からの炎が上昇しやすいように工夫している。

須恵器と瓦をくらべると、瓦は砂粒を含む粘土を生地とし、焼成温度も一〇〇〇度以下の焼き物である点が須恵器と異なる。また、須恵器窯は壺・甕・鉢・坏など形や大きさが異なる製品を同時に焼成するために焼成部を広くする必要があるが、瓦窯は丸瓦・平瓦・軒瓦などと器種や寸法が限られており、須恵器窯にくらべて広い空間を必要としないため焼成部を小さくすることが可能である。

そうした違いがあるが、飛鳥時代段階の瓦窯は、須恵器窯と同様に燃焼部からの炎が天井にあたったあと床面をはうように進み、焼成部奥にある煙道から地上に抜けていく構造で、焼成部の床面の形も須恵器窯に似て奥行き方向に長い長方形に近い形状をしている。焼成部床面は生瓦を据えやすいように二〇センチ前後の段を設けており、当初は斜面を階段

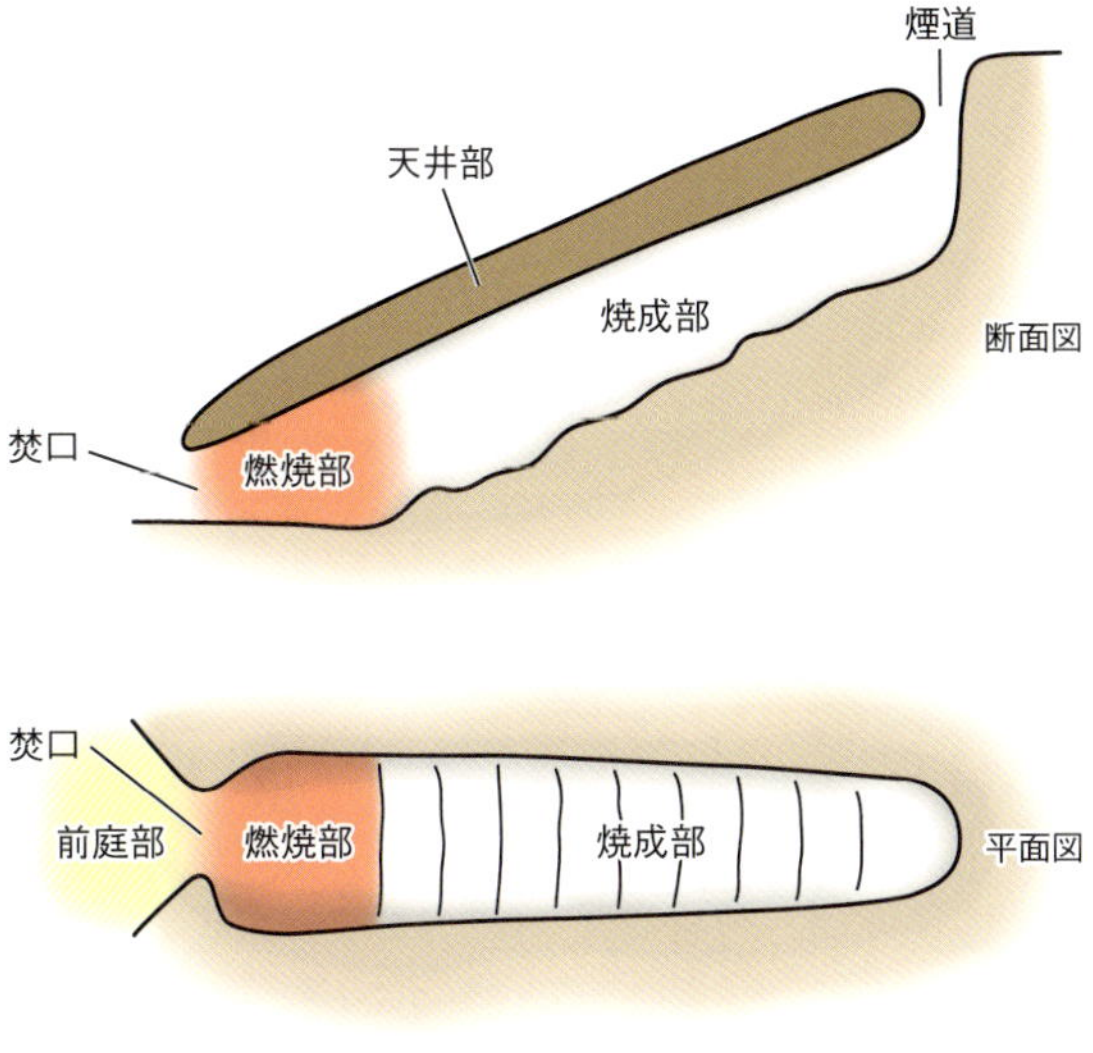

図27 ● 窖窯の模式図
初期の瓦窯は、朝鮮半島から伝来した須恵器窯をベースにして、製品を焼く焼成部が斜面に細長くつくられている。

状に削り込んでいたが、中山瓦窯にみられるように、後には丸・平瓦を置いて階段状にしている。

初期の段階には、須恵器とともに瓦を焼成した「瓦陶兼業窯」が多かったが、瓦の需要増加とともに瓦のみをもっぱら焼成する「瓦専業窯」に変わる。

中山瓦窯の特徴

中山瓦窯では一九七二年の調査で七基の窯がみつかったが、焼成部の様子が明らかでない2・3号窯を除いて、五基の窯の様子がわかっている。

目につく特徴は焼成部の床面の構造で、1・4・7号窯は床面に一〇〜二〇センチの段差を何段もつくる階段状になっている（**図28**）。一方、5・6号窯は丸瓦を利用して階段状に成形している。とくに6号

図28 ● 中山4号窯の全景
手前の瓦をならべた段が4A号窯。4A号窯を壊して4B号窯の燃焼部がある。奥に3回の補修がある階があり、その奥の焼成部は削平されている。

図29 ● 中山6号窯の全景
手前に黄色く盛りあがっているのが6A号窯の焼成部天井、その奥に6B号窯の焚口部・焼成部の段がみえる。焼成部に一部天井が残っている。

窯（図29）は二回にわたって窯のつくり替えがあり、階段状に段を設けた当初の6A号窯から、その奥壁を壊し新たに丸瓦を用いて階段状に成形した6B号窯を築いている。階段状の成形から、その成形を簡略化して丸瓦で対応していることがわかる。

また、藤原京期の瓦窯にはなかった瓦窯構造が5号窯でみつかった。5号窯は6B号窯（図30）と同様、ひとまわり大きな掘方《ほりかた》を掘り、その内側に日干しレンガで窯壁を構築したもので、焼成部奥には焼成部に炎がとどまるように日干しレンガを利用して狭い空気穴（排煙孔）を三カ所設けている。

なお、二〇一四年の調査で新たにみつかった瓦窯（図31）は、一九七二年にみつかった窯より新しい傾向のものである。

飛鳥京期・藤原京期の窖窯構造の瓦窯は、焼成部の長さが一〇メートル以上あるが、平城京期の窖窯は全長七メートルと小規模なものが多く、中山瓦窯でも焼成部の長さが短くなる。

中山瓦窯の供給先

中山瓦窯では多くの種類の軒瓦が出土している。ただ、窯から出土する瓦はいずれも不良品であり、なんらかの事情で消費地（おもに平城宮）へ出荷されなかったものである。このため厳密には、瓦窯の発掘調査でみつかった軒瓦から焼成した製品のすべ

図30 ● 中山6B号窯の奥壁と排煙孔
日干しレンガを積み上げて奥壁を構築している。床面近くに排煙孔を3カ所設けている。

てがわかるわけではない。瓦窯に残された軒瓦をもとに、その供給先を類推しているのである。

　奈良が都であった七四年間に、平城宮の中心建物として、即位式や元旦の朝賀、外国使節の謁見などに使用された大極殿は一度移転している。これは聖武天皇が平城京から恭仁京に遷都したときに大極殿も移築させたからで、それまでを第一次（中央区）大極殿、七四五年（天平一七）以降、恭仁宮から再度平城宮に戻る「平城還都」後の大極殿を第二次（東区）大極殿とよんでいる（**図8参照**）。

　中山瓦窯から出土した軒瓦は、奈良時代前半の特徴を備えた複弁蓮華文の軒丸瓦と均整唐草文の軒平瓦である（**図19①参照**）。一部が第一次大極殿で使われたほか、第一次大極殿院の南正面にある南門と大極殿院を区画する築地回廊《ついじかいろう》にも使用されたことがわかっている。また、第一次大極殿の南門脇につくられた東西五間、南北三間の高くそびえる東楼《とうろう》にも中山瓦窯の軒丸瓦と軒平瓦が使用された。

　大極殿造営以後の新しい時期になると、中央区朝堂院南門の創建時の軒丸瓦と軒平瓦を焼成している。また、平城宮瓦編年の第Ⅱ期の軒丸瓦と軒平瓦などは、内裏北・東外郭や内郭で使用されており、大極殿・内裏といった造宮省の管轄した施設に瓦を供給した。

図31 ● 中山瓦窯SY340の全景
焼成室と煙道が良好な状態で残っている。煙道付近は掘方を掘った後に窯壁を構築している。焼成部の段は、平瓦を中心に4段ほど積み上げて高くしている。

3　平城宮の瓦を維持した官窯

西辺部の官窯１　押熊瓦窯の調査

奈良山丘陵の西北端、中山瓦窯の北方約一・三キロの同じ谷部にある東から西にのびる尾根先端の台地上に押熊瓦窯がある。現在は平城ニュータウンの北西の一角にあたる。

中山瓦窯は宅地の一画に発掘調査終了後に埋め戻されて残っており、その場所に立つと周辺の地形環境が想像できる。しかし、中山瓦窯とほぼ同じ時期に開発にともなって確認調査・発掘調査がおこなわれた押熊瓦窯や、この後説明する山陵瓦窯・歌姫西瓦窯は、その後の宅地開発によって地形が大きく変わっていて、当時の面影はない。

窯は西側斜面に並列して六基、ほかに丘陵裾に離れて一基ある。確認調査のため窯の全容は明らかでないが、丘陵裾の１号窯は全長四・四メートル、幅一・二メートルの小規模なもので、燃焼部と焼成部の境にある「階」もない（図32）。一方、六基が並列する丘陵中腹部の窯は、４号窯では鬼瓦を両側壁に立て、軒瓦や平瓦を利用して焚口をつくっている。

六基以上の窯の存在からすると、多くの軒瓦を焼成したと思われるが、確認調査でみつかった軒丸瓦

図32 ● 押熊１号窯
燃焼部と焼成部の境が明確でなく、床面も平坦。奥壁は垂直に立ち上がり、中央に一カ所排煙孔がある。

は六八点、軒平瓦は二八点である。祖型文様が中山瓦窯にある軒丸瓦が出土していて、中山瓦窯に後続する平城宮瓦編年の第II―2期から平城還都後の第III―1期のものと思われる。

諸国から貢進されてきた官馬の調教や飼育をおこなった馬寮《めりょう》西方でも、押熊瓦窯で出土する軒瓦と同じ型式のものが出土している。また宮の東の張り出し部にあり、皇太子の居住空間である東院地区でも押熊瓦窯の製品が出土している。

押熊4号窯の焚口部で使用された鬼瓦（**図33**）は、中山瓦窯のような鬼の全身を表現するものではなく、顔面のみを表現したもので、同じ笵でつくった鬼瓦が山陵II号窯でも出土している。軒瓦のつくり方・技法は中山瓦窯と同じであり、中山瓦窯の工人集団（奈良山西辺部の官窯工人ともいわれている）の一部が分かれて構築した瓦窯と推定される。

図33 ● 押熊瓦窯出土の鬼面文鬼瓦
鬼の顔のみを表現した鬼瓦で、同笵のものが山陵瓦窯からも出土している。

西辺部の官窯2　山陵瓦窯

平城ニュータウンの南東端で、丘陵南側斜面に山陵瓦窯がある（**図34**）。当時の地形図によると調査時は山林と原野であったが、いまは住宅地の一角に埋め戻され、現地に立っても発掘調査当時の面影はない。平城京西一坊大路の延長線で、山陰・山陽併用道になっているBルートの「渋谷越え」沿いに立地し、平城宮へは約二キロと近接した位置にある。一九七〇年に発掘調査が実施され、三基の瓦窯を検出した。

およそ二カ月をかけての発掘調査で、窯本体とともに灰原の全域を調査した。その結果、窯は丘陵南側斜面に築かれており、I号窯の灰原の下にII号窯があり、II号窯の構築に際してIII号窯を壊していることから、III号窯→II号窯→I号窯の順番でつくられたことが明らかとなった。ただ、現状保存を前提とした調査で、II号窯の下面にあるIII号窯は、調査によってII号窯がなくなることを考慮して詳細な調査はしていない。

山陵I号窯は全長七・五メートルの窖窯で、中山瓦窯とよく似た構造の瓦窯である（図35）。焼成部の床面は、階段状に削り出して段を設けたものから、補修時には粘土と丸瓦を利用して一一段の段を設けたものに変わっている。III号窯も、その詳細は明らかでないが、中山1・4号窯に似た焼成部床面を階段状に成形した窖窯である。

一方、山陵II号窯（図36）は全長六メートルで、窯構築に際して、まずひとまわり大きな掘方を掘り、その内側に壁を構築する。焼成部奥に設けた三カ所の排煙孔は先端で一カ所につながっている。

焼成部は中山瓦窯とは異なり、長さ二・五メートル、幅一・八メートルと幅広になる反面、長さが短くなり、方形に近い

図34 ● 山陵瓦窯全景
上にI号窯が、下にII号窯があり、I号窯の操業時にはII号窯が廃棄されていたことが明らかとなった。

形状になっている。また中山瓦窯でのこれまでの調査では確認されていない、一本の「分炎柱」を据えている。分炎柱は、燃焼部と焼成部の境に直径五〇センチで軒平瓦を数枚組み合わせて芯をつくり、スサ入り粘土でおおう。床面傾斜角は一〇度未満である。

中山瓦窯が藤原京期の瓦窯を踏襲したのに対して、山陵Ⅱ号窯は平城京期に瓦窯の構造を改良したものといえる。焼成部の幅を広げたことにより、左右両側壁に燃焼部からの火が当たりにくいことを考慮して、炎がひろがるように燃焼部と焼成部の境に分炎柱を据えて、側壁にまで火がとどくように工夫しているのである。

山陵瓦窯からは、称徳《しょうとく》天皇の内裏といわれる西《さい》

図35 ● 山陵Ⅰ号窯の焼成部
斜面に丸瓦をならべて段を成形している。下の写真は右側面から撮影。丸瓦の下からは、地山を階段状に成形している築窯当初の段がみつかった。

図36 ● 山陵Ⅱ号窯の焼成部
瓦を積み上げて側壁や天井部を構築している。燃焼部中央には炎を分散させるとともに天井の支柱となる分炎柱が据えられている。

宮《ぐう》で使われた軒瓦が出土している。この西宮は、第一次大極殿院が恭仁宮《くにきゅう》に移築されたのち、新たに第二次大極殿が造営される際に、第一次大極殿のあった場所に規模を縮小して新たにつくられた施設である（図8参照）。平城宮瓦編年の第Ⅱ—2期から第Ⅲ—1期になる。

窯数は三基と少なく、中山瓦窯の工人が分かれて宮内の既存建物の差し替えのために築かれた瓦窯と推定されている。

忘れられた奈良山五一号窯

山陵瓦窯からは西に約一・二キロ、秋篠川によって形成された谷の東側、丘陵南端の東側斜面に奈良山五一号窯がある。当初、現状保存されていたが、過去の調査ではなんらかの理由により測量できなかった地点で、そのまま開発行為が進んだ結果、造成が進んで正確な位置がわからないままになっていた。

二〇〇六年になって周辺で宅地造成の計画があり、試掘調査を奈良市教育委員会がおこない位置が明らかになったが、燃焼部と焼成部の大半は後世に削平され、焼成部奥と煙道のみが残っていた。そのため記録保存を前提にして発掘調査がおこな

図37●奈良山51号窯
焼成部の大半が削りとられている。
焼成部奥壁と排煙孔は、山陵Ⅱ号窯に似た構造になっている。

われた（図37）。

瓦窯はひとまわり大きな方形の掘方を掘り、奥壁と側壁を平瓦とスサ入れ粘土で構築したもので、焼成部床面は平坦である。焼成部奥には、半截した平瓦とスサ入り粘土で壁をつくり、中央と左右端に排煙孔を三カ所設けてある。

窯内から軒瓦は出土しなかったが、平瓦のなかに恭仁宮出土瓦と共通のものがあり、恭仁宮以後の八世紀中ごろのものと担当者は想定している。

奈良山五一号窯は所在場所から、中山瓦窯・山陵瓦窯と同様、奈良山西辺部の官窯工人が従事した瓦窯と思われる。

光明子にかかわる歌姫西瓦窯

奈良山西辺部の官窯のなかではCルートの朱雀大路の延長部で、平城宮から京都府側（山背国）にむかう古代街道である「歌姫街道」の西側に歌姫西瓦窯がある。周辺には後述する音如ヶ谷瓦窯のほか、六七〇年前後に構築された須恵器窯二基がある。

瓦窯があるのは広い段丘をゆるやかに下る西側斜面の狭

図38 ● 歌姫西瓦窯
丘陵斜面に等間隔で6基の窯が整然とならんでいる。その製品が法華寺下層遺構から出土しており、光明子の邸宅に使用されたと思われる。

い谷状地形で、南北方向に六基が焚口部を東側に設けてならんでいる（図38）。瓦窯は、全長九・一メートルの1号窯が最大で、ほかは四〜五メートルの大きさであり、いずれもひとまわり大きな掘方を掘って窯壁を構築している。壁は平瓦とスサ入り粘土を交互に積み上げてつくっている。焼成部の大きさだけにかぎると六基の窯は三メートル未満、幅は一・五〜二メートルで、山陵瓦窯と同じく一本の分炎柱が据えられている。

歌姫西瓦窯は、軒瓦からみて、平城宮瓦編年の第Ⅱ期前半に操業を開始しており、第Ⅱ期後半に操業を開始した山陵瓦窯に先行する（第Ⅱ期〜第Ⅲ―1期）。平城京では歌姫西瓦窯と同じ軒平瓦が左京三条二坊六坪の庭園遺構から出土しているが、歌姫西瓦窯の軒平瓦はその瓦笵に笵傷があり、笵傷が進行した段階で使用したことがわかっている。

そしてその製品は、法華寺下層遺構から出土していることが注目される。法華寺下層遺構は法華寺の前身で、藤原不比等の邸宅を光明子が伝領して光明子の邸宅に変わる七二〇年（養老四）以降に改修されている。なお、その光明子が皇后となる七二九年（天平元）以後には皇后宮の造営がおこなわれている。

4　平城還都の宮を飾った瓦窯

奈良山丘陵東辺部の開発と瓦窯の発見

中山、押熊、山陵瓦窯などがある奈良山丘陵西辺部は、一九七〇年以降の平城ニュータウンの都市開発によって住宅地へと変貌していったが、その後、日本住宅・都市整備公団（現・都市再生機構）が新たに文化首都「関西文化学術研究都市」構想を計画し、開発区域内における埋蔵文化財調査が一九八四年以降、京都府相楽郡木津町（現・木津川市）を中心に進められた。それによって、木津町を中心とした奈良山丘陵の東辺部での瓦窯の実態が明らかとなってきた。

奈良山丘陵の西辺部が平城宮への瓦供給を目的とした造宮省の管轄瓦窯であるのに対して、東辺部は宮への供給を目的とした歌姫瓦窯・市坂瓦窯・鹿背山瓦窯のほか、平城京への供給を目的とした瀬後谷瓦窯や、法華寺あるいは法華寺阿弥陀浄土院の造営にともなう音如ヶ谷瓦窯・五領池東瓦窯、興福寺創建瓦を焼成した梅谷瓦窯といった皇后宮職・造寺司などの瓦窯が点在することが明らかとなった。

歌姫瓦窯

歌姫瓦窯は平城京東三坊大路の延長道路にあたり、現在の国道二四号線となっている幹線道路沿いにある。平城京の北には大型前方後円墳であるウワナベ・コナベ古墳が濠に水をたたえているが、その北東の谷部に埋め戻されていまも残っている。歌姫という名称だが、運搬ルートでは歌姫街道（Cルート）ではなくDルートにあたる。

歌姫瓦窯の発掘調査は「関西文化学術研究都市」にかかわるものではなく、一九五三年に奈良県教育委員会がおこなっており、「有畦式平窯《ゆうけいしきひらがま》」として広く知られいる。

有畦式平窯（**図39**）は、焼成室の形が方形で、焼成室床面の傾斜角がほぼ水平につくられており、水平な床面では炎のまわりが悪いため、床面に数条の畦《あぜ》をつくっているところが特徴である。この畦は半截した平瓦を一五センチ程度の高さまで重ねたもので、生瓦は両端が両畦に架かるように積み上げる。燃焼室からの炎は、畦と畦の間をはうように通り焼成するのである。また、燃焼室と焼成室の境にある「分炎柱」は複数になり、そのあいだを炎がとおって、焼成室内の側壁にも炎がいきわたるようになっている（分炎柱部分を「隔壁《かくへき》」とよぶ）。

この有畦式平窯は、七五七年（天平宝字元）以降、奈良山丘陵における瓦窯構造の主体となり、平安京の栗栖野《くるすの》瓦窯や大山崎瓦窯などへ継承され、定型化した瓦窯構造となる。奈良時代前半の窯体構造から試行錯誤を経た完成形態であり、以後、平安時代へと官営の瓦窯で継承されていく。

歌姫瓦窯は平城宮瓦編年の第Ⅳ期と思われる瓦窯で、この有畦式平窯が丘陵西側斜面に六基あり、さらに二基以上の窯の存在が推測されている。歌姫瓦窯で焼成された軒瓦の実態が明らかではないため、その供給先は不明であるが、周辺に後述する五領池東瓦窯・市坂瓦窯があり、平城宮へ瓦を供給した官窯と思われる。

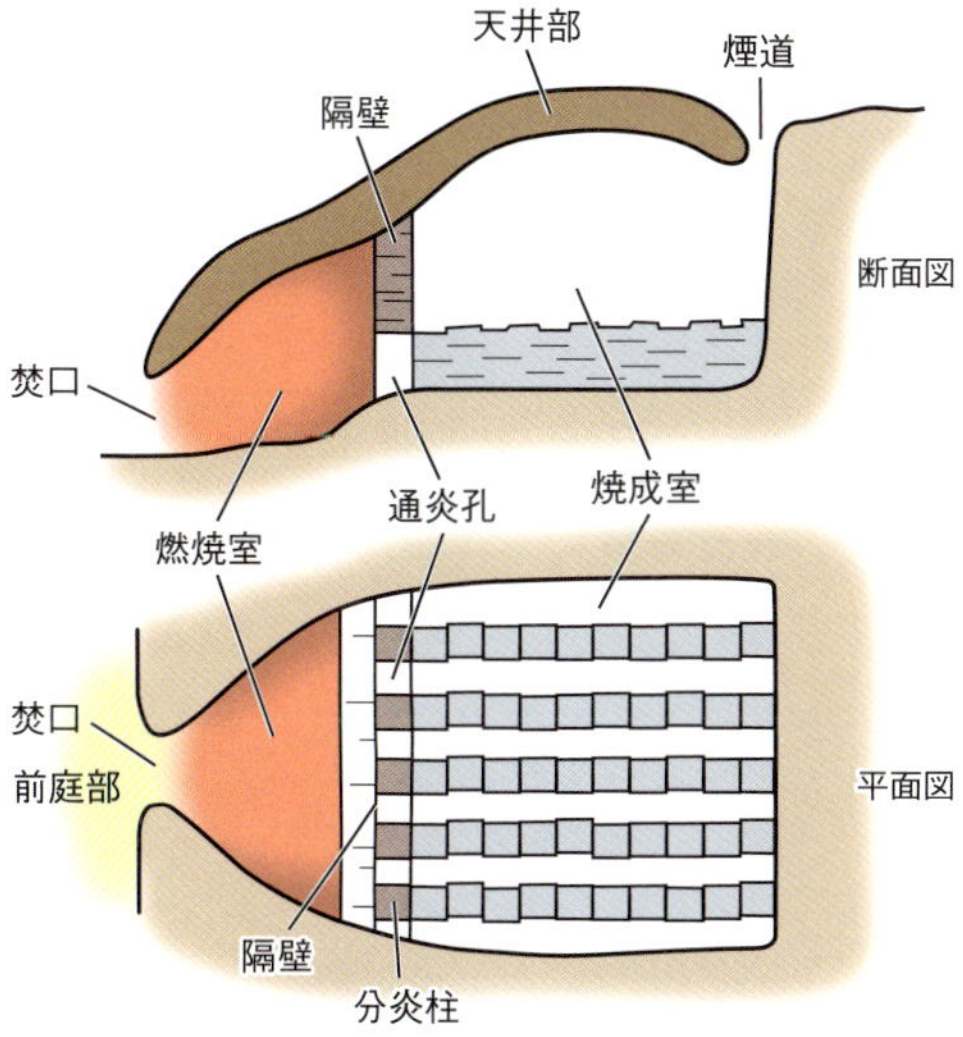

図39 ● 有畦式平窯の模式図
窖窯から改良を加えて、燃焼効率のよい瓦専業窯として、官窯では定着していく。

市坂瓦窯

歌姫瓦窯の場所から現在の国道二四号をさらに六〇〇メートル北上した、北西にむかって開く幅一〇メートルの狭い谷部に市坂瓦窯がある。

第四章「瓦工房の復元」で紹介する大型瓦工房である上人ヶ平瓦工房と一体の瓦窯で、一九九三年に発掘調査がおこなわれた。これは、以前から分布調査によって知られていた窯の数などを確認するための調査であり、市坂瓦窯の全容解明までには至っていないが、谷部奥、東側の南・北両斜面に八基の窯をもつ大型の瓦窯であることがわかっている（**図68参照**）。そのうち谷部北斜面の三基が近接するうちの一基（2号窯）と谷部南斜面にある一基（8号窯）を、窯の内部構造を確認するため発掘調査した。

2号窯（**図40**）は歌姫瓦窯と同じ有畦式平窯で、燃焼室と焼成室の境には高低差一メートルの段差（階）があり、その階部分には軒平瓦を利用してつくった一本の分炎柱のほかに二カ所の円形の粘土剝離痕があり、分炎柱が三本ある隔壁が存在したものと思われる。焼成室床面には瓦と粘土で積み上げた畦が七条設けてある。

焼成室は窯の壁を構築するための掘方はなく、地山をそのまま掘りくぼめている。焼成室奥

図40 ● 市坂2号窯
焼成室に畦がみえる。燃焼室は前面が密閉された状態で出土した。

壁に煙道がみあたらないことから、製品を取り出すために壊した天井部に仮設の煙道を設けていたものと思われる。

平石を組み上げた幅七五センチ、高さ四〇センチの焚口はそのまま残っており、外側から瓦片・壁片を含む粘土でおおわれていた。このことは焼成時に焚口を瓦片・壁片を含む粘土でおおい、焼いた製品は焼成室の天井を除去してとり出したことを裏づけている。

8号窯（図41）も2号窯と同様の有畦式平窯である。焼成室と燃焼室の間に高低差一メートルの階があり、隔壁には地山を掘り残した分炎柱があった。焼成室は粘土質の地山をそのまま利用して側壁としている。床面には七条の畦を設けていた。

焚口前面は、幅六メートル、長さ三・八メートルにわたって丘陵斜面をカットし、平坦面にしている。この平坦面は水平で、柱を据えた痕跡（柱穴）があることから、焚口をおおう小屋掛けがあったものと思われる。この小屋掛けでは燃料を保管し、二昼夜にわたる焼成を管理していたと推定される。

すでに述べたように、聖武天皇は七四五年（天平一七）に宮を恭仁宮から平城宮に戻すが、この平城還都では、恭仁宮に移した大極殿と大極殿回廊に替わって、これまでの大極殿域の東側に新たに大極殿

図41 ● 市坂8号窯
焚口から手前にひろがる前庭部は方形に掘り込んであり、柱穴があることから、覆屋がかかっていたことがわかる。

（第二次大極殿）を造成し、かつてあった大極殿（第一次大極殿）一帯は西宮となる（図8参照）。新たな宮の造営では多くの建物が建てられたようで、市坂瓦窯はそれらの建物に多量の瓦を供給する目的でつくられたのである。

市坂瓦窯で実施したのは2・8号窯の確認調査のみだが、市坂瓦窯に関連した上人ヶ平瓦工房でも軒瓦が出土しており、軒丸瓦は六型式、軒平瓦は七型式ある。もっとも出土量が多い軒瓦は、第二次大極殿の時期の、西宮の北方にある朝廷儀式の食膳を管轄する大膳職で使われた瓦である（図8参照）。また、西宮に替わった殿舎《でんしゃ》地区やその築地回廊に使われた軒瓦も出土しており、平城宮所用の瓦の多くを生産したことがわかる。

窖窯から平窯に替わるころの鹿背山瓦窯

関西文化学術都市建設にともなう埋蔵文化財調査も終わろうとしていた二〇〇六年に、市坂瓦窯からさらに北東二キロにある鹿背山瓦窯の発掘調査をおこなった。

鹿背山瓦窯では瓦工房にかんする重要な遺構がみつかっているが、その内容は第4章で紹介するとして（図61参照）、瓦窯についても、奈良時代前半の窖窯から後半の有畦式平窯への変遷

図42 ● 鹿背山2号窯
丘陵斜面裾に設けられた2号窯は、上面輪郭だけの調査であったが、窖窯から平窯への変化をとらえるうえで重要な瓦窯である。

を知るうえで貴重な発見があった。

丘陵の南側斜面に構造の異なる瓦窯が二基ある。1号窯は通常の有畦式平窯と同じく燃焼室と焼成室の境に隔壁をもつが、焼成室の奥には排煙孔がある。一方、2号窯（図42）は、歌姫西1号窯と同様、当初の焼成室は長さ三・二メートルで窖窯に近いものだが、改変後は一辺二・四メートルの方形にしており、1号窯のような平窯の平面に改造したことがわかる。1・2号窯いずれも発掘調査段階で現状保存が決まり、窯の内部までは調査に至っていないが、いずれ瓦窯構造を解明する学術調査がおこなわれることを期待している。

鹿背山瓦窯から出土した軒丸瓦は同心円を描いた重圏文と単弁蓮華文、軒平瓦は平瓦を重ねたような重郭・重弧文と均整唐草文があり、平城宮瓦編年の第Ⅱ期に相当する。重圏文・重郭文は、七二六年（神亀三）から七三四年（天平六）の後期難波宮で主に使用された文様であり、鹿背山瓦窯の操業はそれ以降である。重圏文・重郭文の瓦笵の違いを平城宮で識別するのはむずかしいが、鹿背山瓦窯の製品は第一次大極殿の南東にある式部省などで出土している（図8参照）。

5　「京」に瓦を供給した瓦窯

奈良時代になって本格的に瓦屋根を採用し、「宮」だけでなく、「京」内の建物にも推奨したことは、第1章でふれた。

当初私は、宮へ供給する瓦も京内の建物へ供給する瓦も同じ瓦窯の製品で、官窯で生産した瓦の一部を京内の建物に使った、と単純に思っていた。ところが、瀬後谷瓦窯の調査を通じて、宮と京では瓦の供給する役所・管轄が異なっており、明確に区分されていたと考えるようになった。

瀬後谷瓦窯は市坂瓦窯の南東三五〇メートルにある、幅八〇メートルの谷部南側斜面に立地している。第1章で紹介したように、長屋王邸を含む京内建物に瓦を供給するために築かれた瓦窯であり、その特徴は2号窯のように、瓦とともに須恵器を焼成した瓦陶兼業窯にある。

2号窯は焼成部床面に丸瓦をならべて段をつくり、焼成部奥には両側壁に接するように内側に平瓦を一一枚積み上げた排煙孔をつくっていて（図43）、須恵器窯や飛鳥・藤原京期の瓦窯とは異なった工夫をこらしている。この構造は、後で述べる梅谷4号窯でも採用されている。

図43 ● 瀬後谷2号窯の排煙孔
平瓦を11枚積み上げて壁をつくっている。
手前側壁にも平瓦を積み上げた痕跡がある。

図44 ● 瀬後谷1号窯の第3床面
平瓦、丸瓦を利用して床面をつくっている。これらの瓦の下には、丸瓦をつなげてつくった段があった。

瓦専業窯である1号窯の特徴は、焼成部床面を三度にわたって成形している点で、築窯当初は段を設けなかったが、第二床面では丸瓦をならべて段を成形し、さらに第三床面では段を消すかのように半截した平瓦を段と段の隙間に入れて傾斜面をつくっている（**図44**）。

瀬後谷瓦窯の軒瓦は、長屋王邸で使われたほか、平城京左京三条三坊五・六坪（舎人親王邸）・同左京三条三坊三・四・十二坪などで出土している（**図22参照**）。1号窯では残念ながら軒瓦が出土していないため、時期や製品の供給先は明らかではない。

京域への瓦供給を目的とした瓦窯の発見はいまのところ瀬後谷瓦窯のみであるが、今後新たに発見されることを期待している。

6　寺院の瓦をつくった瓦窯

平城京内には、藤原京から移転した薬師寺と大安寺のほか、平城京遷都と同時に造営された興福寺、奈良時代の仏教政策の中心となる寺院として遷都後に造営された東大寺と法華寺、さらに西大寺・唐招提寺・西隆寺など多くの寺院がある（**図7参照**）。これらの寺院にも大量の瓦が必要であった。

薬師寺の瓦窯

薬師寺は藤原京からの遷都にともない、右京六条二坊の地へ移転した（寺域は東西三町、南北四町）。建物の多くは平城京で新たに建てられたことがわかっている。軒瓦の観察から、藤原京期の瓦笵を改笵していたことが明らかとなり、遷都とともに瓦を新調したことがわかっている。ただし、新調した瓦を焼成した瓦窯は不明である。

大安寺の瓦窯

藤原京では大官大寺と号した大安寺は、平城京遷都にともない七一六年（霊亀二）に左京六条・七条四坊の一五町に寺域を選定される。大安寺創建当時の瓦窯としては京都府井手《いで》町の石橋瓦窯が、大安寺の修復にともなう瓦窯としては寺域内に築窯された大安寺杉山瓦窯がある。

石橋瓦窯は大安寺創建初期の金堂の瓦を焼成しており、七四七年（天平一九）の『大安寺伽藍縁起并流記《がらんえんぎならびにるき》資財帳』に記された「棚倉《たなくら》瓦窯」と考えられる。木津川の支流玉川の右岸、河岸段丘の段丘崖に三基の瓦窯がある（**図45**）。ひとまわり大きな掘方を掘り、半截した平瓦とスサ入り粘土で壁体を構築する。焼成床面は平坦で、畦を設けない無畦《むけい》式平窯である。

図46 ● 石橋瓦窯出土の軒瓦
軒丸瓦1型式、軒平瓦2型式が出土しており、軒平瓦は、杉山瓦窯の構築材としても使われた。

図45 ● 石橋瓦窯全景
2基並列して築かれ、窯の形態は興福寺創建瓦を焼成した梅谷6・7号窯に似ている。

杉山瓦窯は、大安寺境内北側にある杉山古墳（前方後円墳）の前方部南斜面を利用してつくられた瓦窯で、六基みつかっている。大安寺が本格的に建物を整備する奈良時代中期以降に構築された瓦窯である。焼成室は長方形で、焚口部前面に多量の瓦を利用した前庭部を設けている。焼成された瓦は、大安寺独自の文様である「大安寺式軒瓦」である。

興福寺の瓦窯

興福寺は藤原不比等が建立した藤原氏の氏寺で、平城京遷都とともに左京三条七坊に選地された。中金堂の造営からはじまるが、その造営開始が七一〇年（和銅三）なのか七二〇年（養老四）なのか議論が分かれている。

この興福寺創建瓦を焼成した窯が奈良山瓦窯群の東端にある梅谷瓦窯で、梅谷川による浅い谷をのぞむ丘陵先端にある。現在は南側が新興住宅の斜面地に埋め戻され、公園として残っている。

梅谷瓦窯では七基の瓦窯を確認している（図47）。4号窯は全長四・八メートル以上ある窖窯で、焼成部床面傾斜角が二〇度、丸瓦を連結して床面を形成し、奥壁には平瓦を積み上げている。

図47●梅谷瓦窯全景
丘陵南側斜面に構造の異なる瓦窯が2基一対で整然とならぶ。

2・3号窯は全長四メートル未満、床面傾斜角が二〇度以下で、押熊瓦窯・歌姫西瓦窯と同様に燃焼部と焼成部の境に一本の分炎柱を設けている。焼成部奥には、平瓦を両側壁に接して積み上げた4号窯、丸瓦や平瓦を組み上げた2・3号窯など、奥に壁をつくって焼成部内に炎がとどまるように工夫している。

興福寺では「造興福寺司」が瓦窯を管理したので、官の役所が設置されたとは考えがたいが、窯構造をみるかぎり、官窯から技術援助があったものと思われる。造宮省の所管である中山瓦窯などと差異のない構造から考えて、窯構造の工夫をリードした技術者集団が関与したと考えられる。

図48●梅谷瓦窯出土の軒瓦
軒丸瓦は中房が大きく、弁が肉彫り風の精美なもので、軒平瓦は外区に杏仁形珠文と線鋸歯文を配しているのが特徴である。

東大寺の瓦窯

聖武天皇は七四一年（天平一三）に、鎮護国家政策の一環として各国に国分寺・国分尼寺の造営を命じたが、その総国分寺となったのが東大寺である。

東大寺建立には多量の瓦が必要であり、興福寺へ三万枚もの瓦の供給を依頼した文書が残っている。この東大寺への瓦供給にあたった瓦窯が、東大寺近傍の荒池《あらいけ》瓦窯と大阪府高槻市の梶《かじ》原《わら》瓦窯である。

荒池瓦窯（**図67参照**）は、二〇一一年に奈良県立橿原考古学研究所が発掘調査したところ、斜面にかき出した瓦や灰の層が、南北約六・五メートル、東西約九メートル、もっとも厚いところで約一メートル堆積していることがわかり、大規模な生産施設である可能性がでてきた。出土した軒瓦と同型式の瓦が東大寺の講堂跡付近でみつかっている。また、東大寺は七五七年（天平宝字元）に摂津職に依頼し、摂津職は梶原寺に六〇〇〇枚の瓦の供給を命じている。梶原瓦窯はその供給瓦窯で、有畦式平窯を二基確認している。

法華寺の瓦窯

法華寺（法華滅罪之寺）は、平城宮の東に隣接している。藤原不比等の邸宅を娘の光明子が伝領し、七四五年（天平一七）の聖武天皇の還都とともに総国分尼寺となる。

この法華寺の瓦を生産したのが音如ヶ谷瓦窯である（**図49**）。場所は歌姫街道沿い（Cルート）の歌姫西瓦窯のすぐ北側、丘陵の東側斜面裾部の傾斜地にあり、一九五三年、農道改修工事中に発見された。一九七九年におこなわれた再調査で、有畦式平窯四基と窯の前面に柱穴を検出し、窯の前に建物が存在することがわかった。現在は住宅地の公園内に発掘された状況のまま保存されており、瓦窯の構造

図49 ● 音如ヶ谷瓦窯全景
写真右手の斜面の2つのくぼみが瓦窯。その前面に掘立柱建物の柱穴がある。反対側（写真左手）の斜面にもう2基ある。

を観察できるように展示されている。

音如ヶ谷瓦窯で焼かれた製品は法華寺金堂などに供給されており、法華寺本体への瓦供給を目的とした瓦窯と位置づけられている。

先にみた奈良時代後期の官窯、市坂瓦窯と丘陵の反対斜面地には五領池東瓦窯がある（図68参照）。有畦式平窯で、当初は二基一対で構築され、その後新たに一基つくられている。光明皇后の一周忌に忌斎のため法華寺の西南隅につくられた阿弥陀浄土院の造営にかかわる瓦窯で、窯構築に使用された軒平瓦に音如ヶ谷瓦窯のものが使用されていることから、音如ヶ谷瓦窯からの瓦笵の移動があり、音如ヶ谷瓦窯の工人が五領池東瓦窯に移動したといわれている。

図50 ● 五領池東瓦窯出土の軒瓦
音如ヶ谷瓦窯と同笵の軒瓦が出土している。また、音如ヶ谷瓦窯の軒瓦を五領池東瓦窯の構築材に使用している。

以上、奈良山瓦窯群のおもな窯をみてきた。奈良山丘陵の西辺部、中山瓦窯で平城宮の建物の瓦生産がはじまり、おおよそ西から東へと移動していったことがわかる（図22参照）。これは粘土やマキなどの原料の枯渇によるものであろう。窯の構造は、須恵器窯からの伝統をひく窖窯から、分炎柱の有無や焼成部の平面形態に変化が生まれ、奈良時代後半には有畦式平窯へと移行した。そしてこれが平安時代の定型窯となっていくのである（図23・24参照）。

第4章　瓦工房の復元

1　上人ヶ平瓦工房の発見

発端は古墳群の発掘調査

私がはじめて奈良山瓦窯群の発掘調査を担当したのは一九八八年、いまから三〇年近く前のことになる。調査地は京都府と奈良県の県境近く、クヌギやタケでおおわれた台地上にある上人ヶ平遺跡で、斜面地には第3章で紹介した市坂瓦窯がある。調査の目的は、古墳時代前期の竪穴建物と古墳時代中・後期の古墳群のひろがりを確認することであった（図51・3参照）。

上人ヶ平古墳群は一九三三年（昭和八）に、南山城での古窯跡を踏査していた鈴木信治が発見し、一九三八年（昭和一三）に京都大学の考古学者梅原末治《すえじ》が「木津町市坂の一古墳」で、「帆立貝式古墳」の一例として報告していた。

上人ヶ平5号墳は、「関西文化学術研究都市」にかかわる開発範囲の記録保存の対象からは外れてはいたが、古墳の規模や土饅頭のような土盛り（墳丘）をめぐる周溝の状況を明らかにするために発掘調査を実施したのである。

調査の結果、上人ヶ平5号墳は円丘部の直径二三・三メートルで、幅九〇センチ、長さ五メートルの造り出しがある円墳で、墳丘や周溝の外側に埴輪列がめぐっていたことが明らかとなった（図52）。また5号墳の周辺には、八基の小規模方墳（一辺六・五～一三メートル）からなる南群と、直径一九メートルの円墳を中心に六～一一メートルの方墳で構成されている北群があり、南群の古墳は5号墳のほかは墳丘が削りとられ、深く掘り込まれた周溝のみが残っていた（図53）。各古墳からは円筒埴輪のほか、蓋《きぬがさ》・家・馬形などの形象埴輪が多く出土し、埴輪や副葬品の特徴から五世紀後半～六世紀前半に築造された古墳群で、その埴

図51 ● 上人ヶ平遺跡全景
台地上にあり、周辺はクヌギやタケの林であった。

図52 ● 上人ヶ平5号墳
河原石を敷きならべた葺石や埴輪列の形状から、造り出し付き円墳とよばれている。

輪を焼成した埴輪窯が存在することも判明した。

上人ヶ平古墳群から出土する埴輪、とくに形象埴輪（図54）の特徴により、同じ時期につくられた大型前方後円墳であるウワナベ古墳の埴輪焼成にかかわった集団の墓と考えることができる。ウワナベ古墳の造墓を契機としてつくられた埴輪窯・埴輪工人の墓であるが、近接したこの地が、埴輪をつくる粘土・マキ・水の条件が整った場所として適していると古墳時代から認識されていたと思われる。

ただし発掘調査はそれだけですまなかった。五世紀後半の埴輪片が周溝の底近くに、厚さ一〇センチ以上にわたって散布し

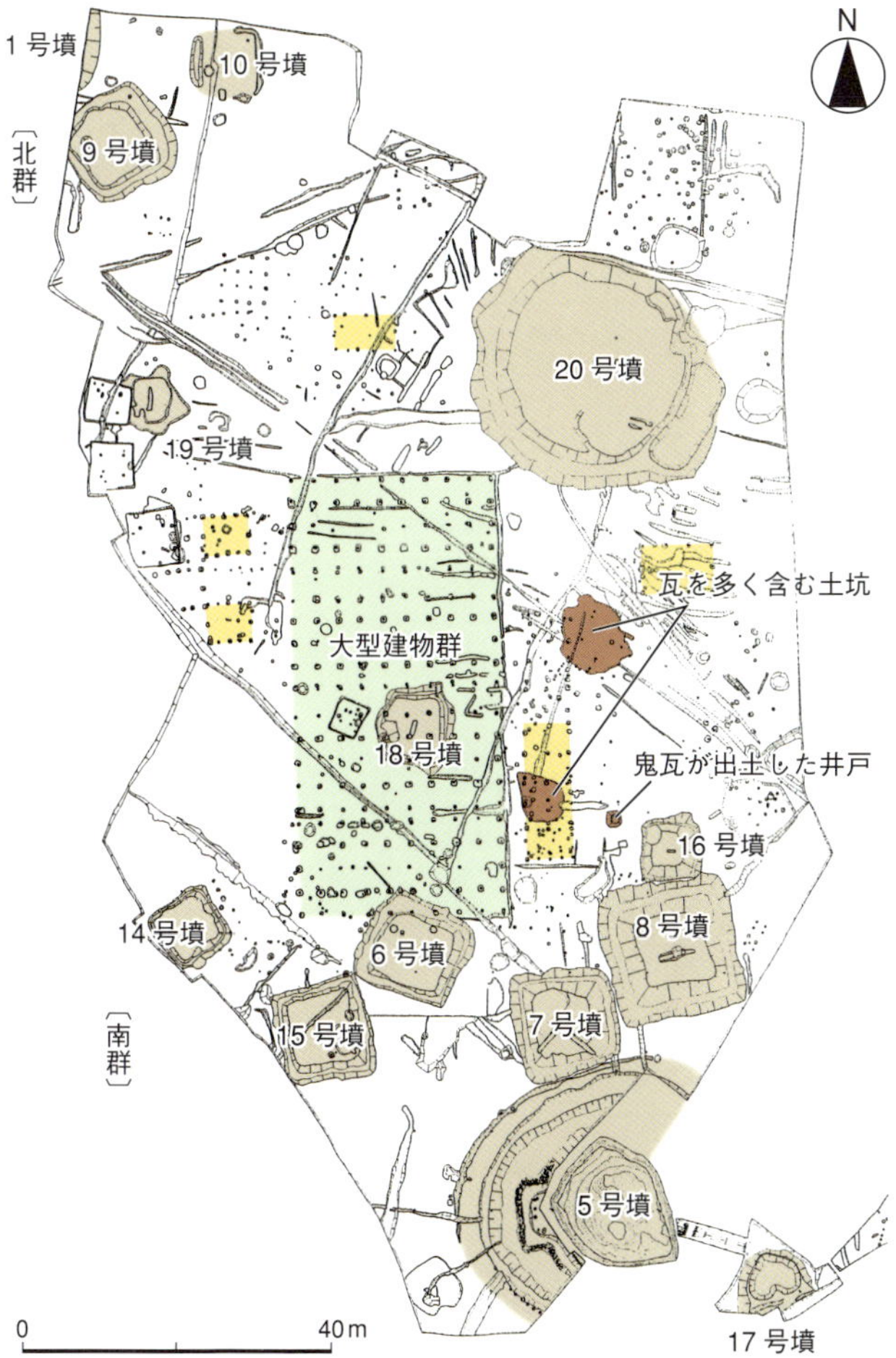

図53 ● 上人ヶ平遺跡でみつかった遺構
西暦300年から800年近くまでの遺構が重なり合ってみつかった。黄色で表示したのはその他の掘立柱建物。

ていたのだが、その上層には凸面に縄叩きをもつ平瓦や丸瓦が多く出土していることも明らかとなったのである（図55）。

大型建物がみつかる

また、6号墳の周溝を確認する調査を進めていたとき、周溝に重なるように一辺一メートル前後の、建物などの柱を地面に据えるときに掘った「柱掘方」と、その掘方のなかに埋め込まれた柱材の痕跡である「柱痕跡（柱の当たり）」を発見した（図56）。

どちらも掘立柱建物の遺構である。古墳ではない建物跡が存在することがわかり、古墳の調査と同時に掘立柱建物の痕跡に注意しながら発掘調査を進めることになった。

最初にみつかった掘方の大きさは、これまでの経験から通常の掘立小屋とは考えがたいもので、官衙の建物を思わせる大きさであった。そこで等間隔に柱列がみつかることを想定して、最初の掘方から三

図54 ● 上人ヶ平古墳群から出土した埴輪
多種多様な形象埴輪が出土した。右端が蓋、中央が家、左端中央が馬、左端前が靫（ゆぎ）。円筒埴輪は高さ70～80cm、底径25～30cmと大型のものが多い。

メートル（一〇尺）を目安にして同じ掘方があるかどうかを確認するために、巻尺をもって作業員さんと遺構の検出作業をすすめた。そうすると、予想した箇所ぴったりの位置で掘方がみつかり、作業員さんと一緒にびっくりしたことを記憶している。こうして同じ作業をくり返し、最終的には六四カ所の掘方を検出したのである（図57）。

正確に測量して確認したところ、柱掘方は一〇尺（約三メートル）の等間隔で規格性が高く、その方位は宮都や官衙施設と同様に、建物の主軸が真北になるように配置されていた。

大型建物群は瓦工房か

発掘調査を長く続けていると、予想もしなかった遺構・遺物に出くわすことがよくある。調査員は担当している遺跡が自分の専門外のもの、自分の経験したことのないものでも、何かを

図55 ● 周溝に瓦が埋まっていた上人ヶ平8・16号墳
奥の溝が8号墳の周溝で、手前の方形の高まりが16号墳。埴輪とともに多量の瓦が出土した。

図56 ● 墳丘上に柱穴がみつかった上人ヶ平18号墳
奈良時代に瓦工房を建てるために墳丘は削りとられた。

手がかりに検討する必要がある。

その場合、手元にある発掘調査報告書で類例を調べるか、それでもわからない場合には、全国の調査機関担当者や各時代の専門の研究者・有識者に問い合わせる。今回みつかった上人ヶ平遺跡の大型建物群は、官衙遺跡・宮都の建物に造詣の深い考古学の研究者や建築学の研究者に現地指導していただくこととなった。

先生方から指摘していただいた内容は、つぎのようなものであった。

①建物の方位が正方位で約一〇尺間隔の建物であることから、国府や郡衙などの官衙施設を想定できるが、平城宮の背後で近接した位置にあることから、そのような官衙施設とは考えにくい。

②柱と柱の間隔は約三メートルと広くなっているが、柱の当たりから推定できる柱の直径は平均三〇センチ未満で細い。

③建物周辺の溝から奈良時代の瓦が出土しているが、屋根に葺かれるほどの量ではなく、瓦屋根の建物と

図57 ● 大型建物の柱掘方
64カ所の柱掘方が整然とならんでいる。奥から手前にかけて四つの建物があり、人が立っているところが各建物の北柱列の位置にあたる。

は考えにくい。
④柱掘方周辺に床を支える束柱《つかばしら》がみあたらず、柱の太さとあわせて考えると、建物内部は床張りではなく土間であった可能性が高い。
⑤建物に近接した南斜面に市坂瓦窯があることから、瓦生産に関連した建物群と考えるのが妥当である。

以上の指摘を受けて、再度、建物配置や柱間の寸法、柱掘方の大きさなどを検討してみると、大型建物は東西棟で、身《も》舎《や》の柱間は桁行が九間、梁行が二間となる。建物内部の空間を広くするために身舎の南と北に庇《ひさし》を設けており、床面積は三〇〇平方メートル

図58●大型建物の遺構配置図
庇の建て替えや建物をめぐる溝、柱間の基準尺の違いから、建物が北から順次南へ増築されたことがわかった。

以上ある。四棟をひとつの建物と考えると、約一四三五平方メートル（四三三坪）の広大な建物であることがわかった（図58）。

さらに詳細にみていくと、北の二棟は柱間隔が約二・八七メートルであるのに対して、南の二棟は約二・九一メートルと異なることから、建て替えをおこなったことが推定される。また、北の二棟と南の一棟をかこむように溝がめぐっていることから、当初は北の二棟を建て、さらに南の一棟を増築した際に三棟を区画し、排水のための雨落ち溝を設け、その後さらに南側に一棟を増築し、区画・排水用の溝を設けていることも明らかとなった。

上人ヶ平瓦工房

こうして五世紀代の古墳の発掘調査は、大型建物がみつかったことにより、奈良時代の遺跡

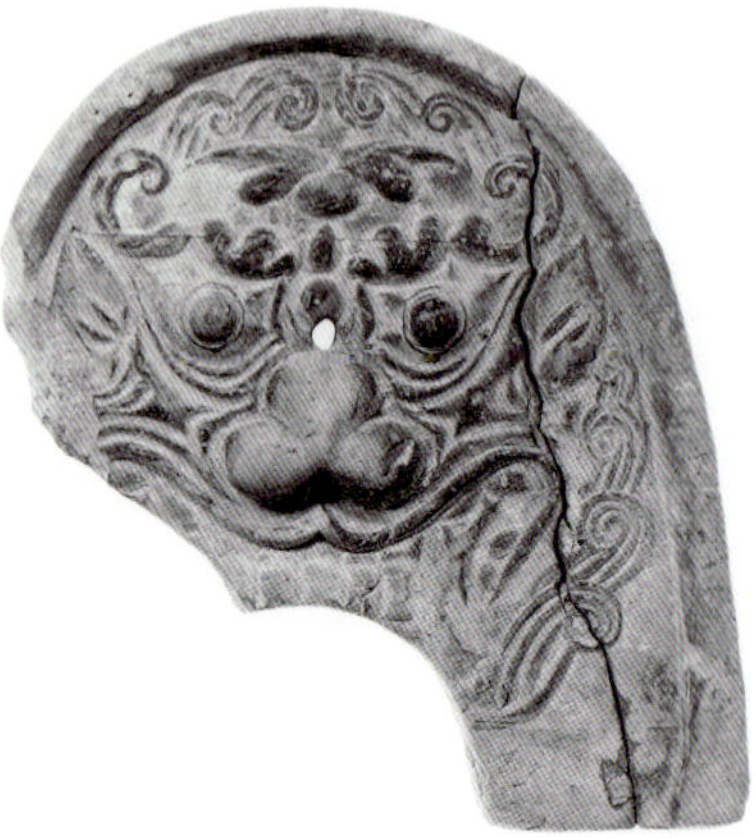

図59 ● 瓦が出土した井戸（下）と鬼瓦（上）
大型建物群の東側でみつかった井戸跡からは、廃棄された鬼瓦が出土した。

の調査へと切り替えてすすめることになった。上人ヶ平5号墳を中心とした古墳群と埴輪窯、竪穴建物跡を含めて「上人ヶ平遺跡」と総称していたが、新たにみつかった大型建物が市坂瓦窯に関連する遺構であることから、ここからは「上人ヶ平瓦工房」とよぶことにしよう。

ふりかえれば一九八四年の調査時にも、大型建物群の西側の一角で、正方位の二間×二間の掘立柱建物を検出しており、当時の担当者は丘陵南側斜面にある市坂瓦窯にかかわる「倉庫等の瓦窯に関係した何らかの施設である可能性が高い」と指摘していた。今回の調査では、大型建物の西北と東側で、新たに小型建物を八棟と、鬼瓦を含む瓦類を廃棄した井戸、瓦を多く含む土坑などを検出した（図59）。

また遺構としては明瞭ではなかったが、丘陵の上部から市坂瓦窯のある南西の谷部に通じる切り通し状に掘り込まれた溝状遺構がみつかった。上面の幅は約一〇メートルで、底部平坦面には破砕した瓦や礫を敷きつめた状態であり、建物群から瓦窯につながる通路がある。

各遺構と出土した軒瓦（図60）や土器の特徴から、これらの遺構は七四五年（天平一七）以降のもので、聖武天皇が恭仁宮から平城宮へ還都した後の平城宮再造営にともなう大規模な官営瓦工房跡であることが判明したのである。

図60●上人ヶ平瓦工房出土の軒瓦
出土量が多い単弁八葉蓮華文軒丸瓦と東大寺系とよばれている軒平瓦。

市坂瓦窯の発掘調査

さて、瓦工房の様子が明らかとなったものの、その時点では市坂瓦窯が何基で、どのような窯であるのかは不明であった。そこで、上人ヶ平瓦工房と市坂瓦窯の関係を明らかにするために、一九九三年に、現状保存を前提として瓦窯の数の確認と一部窯体内の発掘調査を実施した。

第3章で紹介したように、谷部の奥に、東側の南・北両斜面に八基の窯の跡を示す焼土と灰原、瓦散布を確認し、そのうち2号窯と8号窯の二基について窯の内部構造を確認するための発掘調査を実施した。いずれも有畦式平窯で、市坂瓦窯・上人ヶ平瓦工房から出土した軒瓦は平城宮第二次大極殿（東区大極殿）、内裏、北方官衙域などに供給されている。

2　鹿背山瓦窯の発見

作業動線がわかる瓦工房

上人ヶ平瓦工房の発掘調査以後、藤原宮の造営にかかわった奈良県大和郡山市の西田中瓦窯、大分県宇佐市の虚空蔵寺にかかわった堂がへり遺跡などで、上人ヶ平瓦工房に似た大型建物がみつかりだした。そして二〇〇七年、木津川市の鹿背山瓦窯で新たに瓦工房にかかわる重要な遺構がみつかることになる。

鹿背山瓦窯は、上人ヶ平瓦工房よりさらに約二キロ北東に行った狭い谷部で、木津川の支流大井手川を一キロさかのぼった右岸丘陵に位置し、奈良山瓦窯群のなかでは東北端にある（図

61・3参照)。

鹿背山瓦窯は、「関西文化学術研究都市」の文化財調査としては最終年度に実施したもので、一九五一年に柿林周辺から三重圏文軒丸瓦・三重弧文軒平瓦を含む瓦類が散布してい

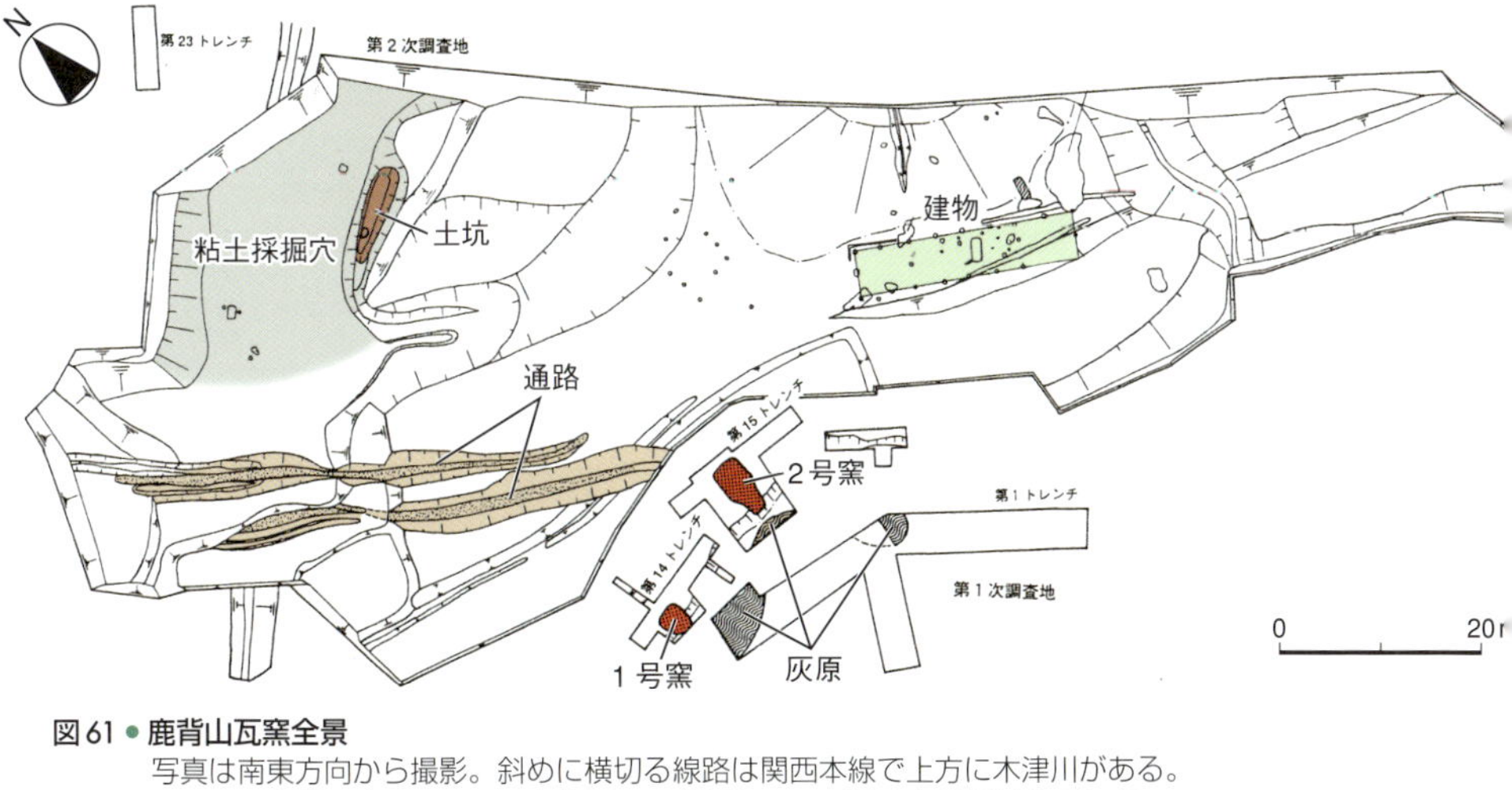

図61 ● 鹿背山瓦窯全景
写真は南東方向から撮影。斜めに横切る線路は関西本線で上方に木津川がある。
瓦工房の遺構は東西130m、南北60mの範囲にコンパクトに配置されている。

ることから瓦窯の存在が知られていたが、二〇〇七年の調査で瓦窯二基のほか、粘土採掘穴、生瓦を成形する建物、そして各遺構をつなぐ二条の通路がみつかり（図61）、瓦工房における作業の全容とその動線がより明らかとなった遺構である。

瓦窯・建物・通路・粘土採掘穴

二基ある瓦窯は丘陵南側斜面に近接して構築している（図62）。第3章でみたように1号窯の焼成部は方形の平窯構造で、燃焼部と焼成部の境に日干しレンガを利用して隔壁を設けている。2号窯は焼成部がやや細長い窖窯構造のものを、焼成部のみ新たに方形につくりかえている。

灰原からは、重弧文軒丸瓦・重圏文軒平瓦が出土した。また、丘陵部で検出した土坑内から平城宮式部省付近での出土例が多い軒丸瓦と軒平瓦が出土しており、平城宮瓦編年の第II―2期に操業した。製品の供給先としては平城宮東南の式部省などがある。

工房の建物は、上人ヶ平遺跡のような大型建物ではないものの、2号窯から東方へ約二〇メートル離れた場所で、東西八間（桁行約二一・六メートル）、南北二間（梁行約四・五メートル）の掘立柱建物を一棟検出した（図63）。検出したのは一棟だが、その南側は後世に大きく

図62 ● 鹿背山瓦窯の窯
異なる構造の瓦窯が2基並列している。手前の黒くなったところが燃焼部からかき出された灰がひろがる灰原。

削平されており、東西棟の建物がもう一棟存在した可能性も考えられる。

瓦窯と建物を検出したことにより、西側の丘陵部に瓦工房にともなう遺構が存在することを予想して調査地をひろげたところ、二基の瓦窯の北東約四メートルを東端として、西方向にのびる二条の切り通しの通路がみつかった（図64）。

南側の通路は、全長三四メートル、上面の掘り込み幅四メートル、深さ一・一メートルで、路面傾斜角約九度、底部分には細かい石を敷き詰めて歩きやすいように工夫されている。

北側の通路は、南側の通路と約四メートル離れていて、全長四八メートル、上面幅約四メートル、深さ約一メートルの切り通しである。底部に同じく細かい石を敷き詰めてある。

上人ヶ平瓦工房でも瓦を細かく砕いて斜面部分に敷き、路面を形成している状況が確認できたが、鹿背山瓦窯でみつかった通路は細かい石を敷き詰めていたことで、通路の状況がより明確となった。

さらに通路の底部の中央には一条のくぼみ（幅三五センチ、深さ六センチ）があることがわかった。「ねこ車」（一輪車）を利用して重い瓦類を運搬していたのであろう。

この通路の北西には二〇メートル四方の平坦面がひろがり、

図63● 大型建物跡
東西方向の細長い建物。人が立っている箇所が建物の端にあたる。

さらにその北側は谷状に掘り込まれていた。

この谷部の堆積状況を観察したところ、西側は礫層と海成粘土の堆積層である大阪層群であり（図65）、東側は大阪層群に近似した堆積土であるが、下層に中世遺物を含む層を確認し、鹿背山瓦窯が操業を終えた中世以降に大井手川が運んだ土が堆積したものであることが明らかとなった。

さらに谷部の調査を進めていくと、谷部は幅一〇メートルで、谷部東側斜面地で全長一〇・八メートル、幅一～二・四メートルの大きな粘土貯蔵穴と思われる掘り込みがみつかった（図66）。この掘り込みからは、タケと蔓状の植物で編まれた「植物性の編み物」を検出した。

この編み物は、鎌倉中期に当麻曼荼羅の製作にまつわる説話を描いた『当麻曼荼羅縁起』にみえる、担ぎ棒を通した「モッコ」を思わせるもので、成形した粘土を丘陵上部に運ぶための道具と思われる。

図64 ● 瓦窯と粘土採掘穴をつなぐ通路
写真中央やや上の人が立っている石敷きの溝が丘陵下位から上位につづく2条の通路。

以上のように鹿背山瓦窯は、上人ヶ平瓦工房にくらべると狭小で、操業期間も短いコンパクトな工房といえるが、瓦工房の作業の実態をさぐるうえで貴重な情報を提供したのである。

図65 ● 谷部に堆積した土砂
調査地西端でみつかった厚さ４ｍの堆積層。瓦窯の操業終了後に大井手川から運ばれた土。

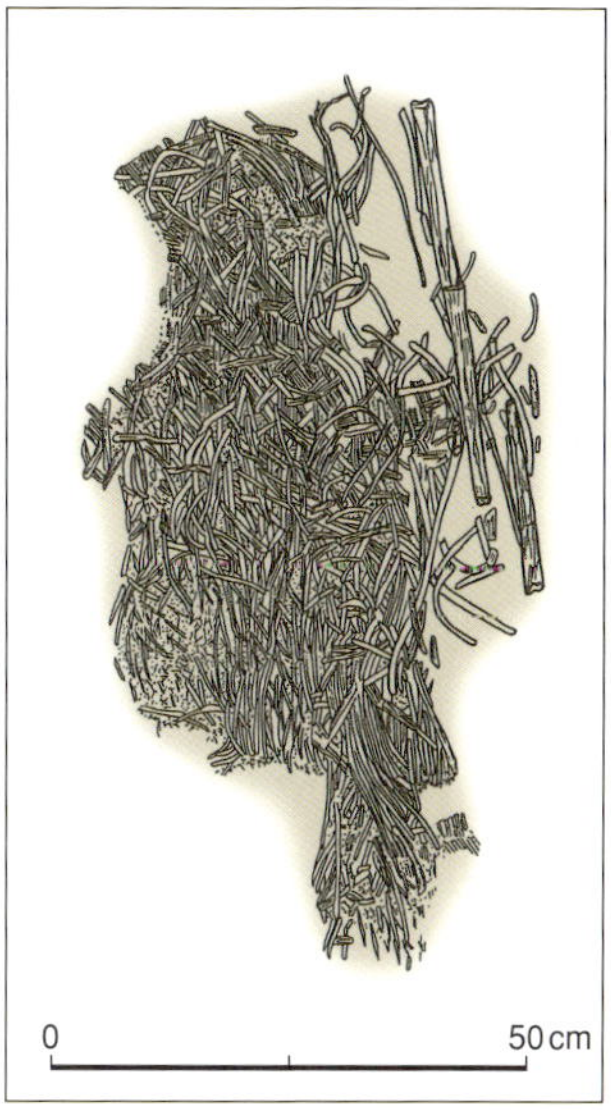

図66 ● 粘土貯蔵穴と「植物性の編み物」
上：図65の堆積層をとり除くと、谷状地形と斜面に掘り込まれた楕円形の土坑がみつかった。
下：土坑内の埋土をとり除いたところ、「植物性の編み物」が出土した。
右：この「植物性の編み物」はモッコ状のものと想像している。

3　瓦工房の生産工程を復元する

東大寺造営史料にみる瓦工房

これまで瓦窯の調査といえば、瓦生産の一工程である焼成（瓦窯）に注目があつまっていたが、瓦生産には粘土の確保、生瓦の成形、生瓦の乾燥など多くの工程が必要である。上人ヶ平瓦工房・鹿背山瓦窯でみつかった遺構は、粘土採掘から焼かれた瓦の搬出までを遺構として理解できる数少ない遺跡である。そこで東大寺造営にかかわる文書史料を参考にしながら、瓦工房での生産工程を復元してみよう。

東大寺の前身は、七二七年（神亀四）に藤原光明子に誕生した皇子が一年に満たず死去し、それを弔って建立した金鐘山坊にさかのぼる。この後、聖武天皇は光明皇后およびその母橘三千代の影響を受けて仏教に傾倒し、元正太上天皇の病気平癒を願って出家する。七三七年（天平九）には政治を担っていた藤原武智麻呂《むちまろ》・房前《ふささき》・宇合《うまかい》・麻呂《まろ》が天然痘で死去し、七四〇年（天平一二）の藤原広嗣《ひろつぐ》の乱などをへて、聖武天皇は鎮護国家体制を意図する。そして七四三（天平一五）年一〇月、大仏建立と東大寺の造営の詔がくだされ、二年後の七四五年（天平一七）から大仏造立が開始された。

東大寺造営に際しては「造東大寺司」が設置され、そこに造仏所・鋳所・木工所とともに「造瓦所」が置かれた。ここが瓦の生産を進める機関である。

七六二年（天平宝字六）三月一日付けの「造東大寺司告朔解《ぞうとうだいじしこうさくげ》」には、造瓦所で「焼瓦」「採瓦燃料薪」「採火棹」「修理瓦屋」「開埴穴并掘埴」「運瓦」といった作業と、一カ月に従事した員数が記されている。また、同年四月一日付けの同文書には、「作瓦」「打埴」「掃浄瓦屋四宇　一宇長四十五丈、三宇別長八丈」とあり、同文書から京都大学の考古学者小林行雄は、将領（役人）が二人、瓦工（瓦職人）が八人、仕丁（雑役人）が九人という構成で瓦生産に携わっていたと考えた。

東大寺の造営にかかわる瓦窯は「東大寺山堺四至図」にも描かれており（図67）、現在の春日神社の一の鳥居近くでみつかっている荒池瓦窯がその瓦窯と想定されている。ただし確認調査であったため詳細は明らかではなく、先の人数がどのくらいの規模の作業に従事していたのかまではわからない。

それでも「造東大寺司告朔解」に記された内容は奈良時代の瓦工房内の施設や作業内容を知るうえで重要な史料であり、この文書を参考に、

図67 ● 東大寺山堺四至図（模写本）
正倉院に残る東大寺の寺域を示す図。左端中央あたりに「瓦屋」と記されている。

上人ヶ平瓦工房・鹿背山瓦窯でみつかった遺構を考えてみたい。

粘土の採取

「造東大寺司告朔解」にある「開埴穴幷掘埴」は、粘土（埴）を採取する穴を掘ることである。瓦工房ではまず粘土を採取した。鹿背山瓦窯では、先にみたように通路の北側に粘土採掘穴があった。瓦生産に適した大阪層群が形成した粘土を採掘した結果、谷状地形となったものと想像している。

上人ヶ平瓦工房では粘土採掘跡はまだみつかっていないが、工房の南側にある「ふんどし池」（長さ二五〇メートル以上、幅五〇メートル）がそれではないかと考えている（図68）。自然にできた池の場合、谷部からの湧水を堰き止めるようにできるはずであり、この池は丘陵の基部を横切るところが不自然である。想像をたくましくして述べると、ここが粘土の開埴穴幷掘埴跡と考えたい。

そして採掘した粘土は、蔓などを編んだモッコ状のもので運んでいた。

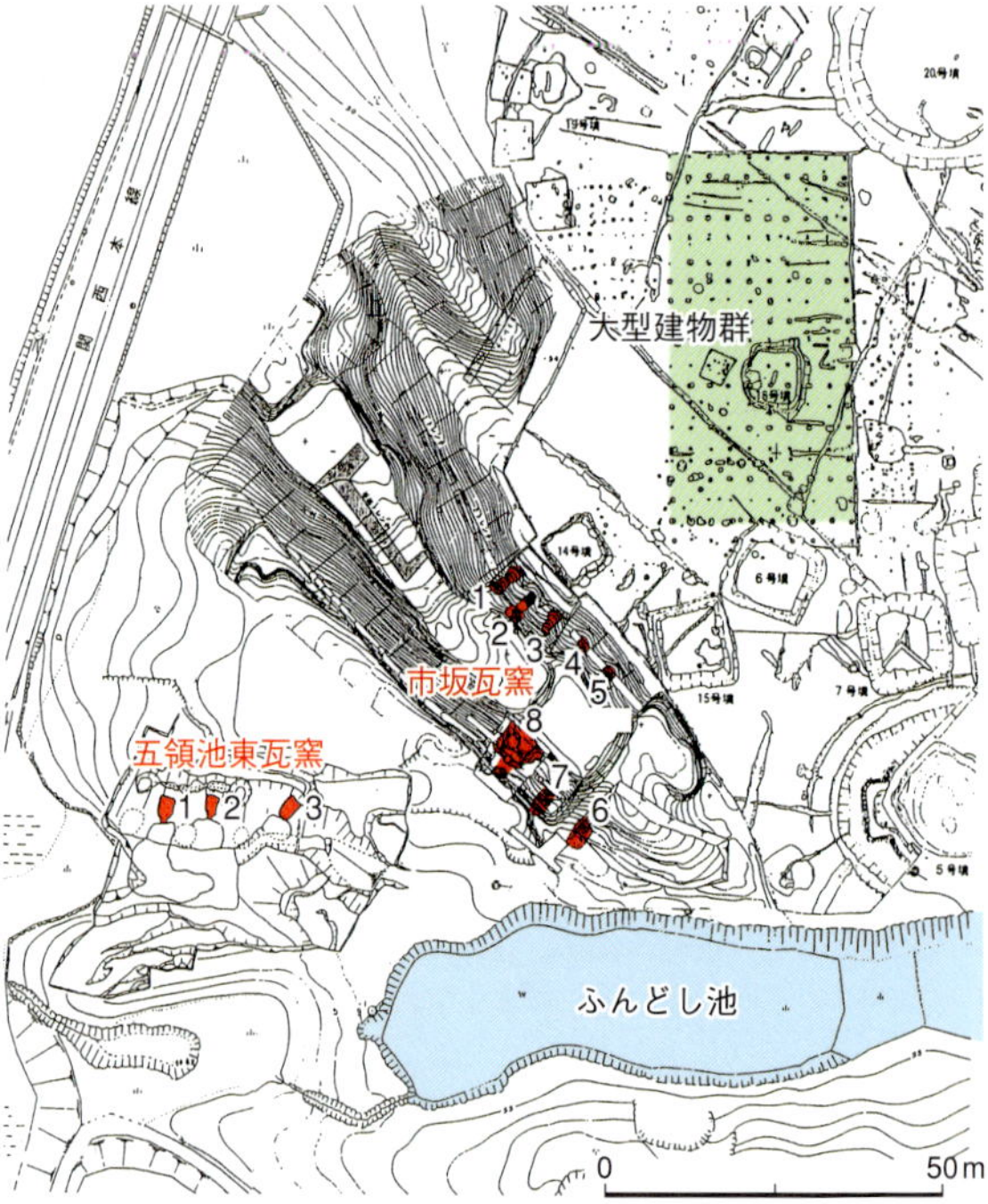

図68 ● 上人ヶ平瓦工房と「ふんどし池」
発掘調査時には農業用水として使われていた池。池の汀に良質の粘土が露出していた。

「生瓦」の成形

「打埴」は、採取した粘土を細かく砕き、砂などの混和材を混ぜる作業である。打埴した粘土を使って「生瓦」の形につくる。この作業は地面に掘り込みをともなうような作業ではないため、遺構として残らない（認識できない）可能性が高く、上人ヶ平瓦工房・鹿背山瓦窯では不明だが、宇治市の隼上《はやあが》り瓦窯で興味ある遺構がみつかっている。

宇治市の隼上り瓦窯は、飛鳥時代に大和豊浦寺へ瓦を供給した窯で、三基の瓦窯と建物跡と溝・土坑がみつかっている。瓦窯は丘陵の南側斜面に築かれており、建物跡は瓦窯から南西に二〇メートルほど離れた緩い斜面に七棟みつかっている。

この建物群の南側下位で、南北五・八メートル、東西二四メートル以上、深さ二四センチの方形土坑がみつかっている。この方形土坑には全長一五・八メートル、幅五〇センチ、深さ二〇センチの谷筋から水をとり入れる導水溝がついている。この遺構こそ、採取し

図 69 ● 上人ヶ平瓦工房の復元イラスト 1（早川和子作画）
発掘調査の成果をもとに、想像をまじえて描いた瓦工房の様子。中央が大型建物群、左上の煙を出しているのが市坂瓦窯。まわりの古墳も作業に使用している。

た粘土と砂、水を調合して生瓦の素材をつくった「打埴場所」と担当者は考えている。

こうした場所を上人ヶ平瓦工房で想定すると、上人ヶ平五・八・七号墳の周溝を利用したと推定することができる。粘土と混和材の調合をおこない、埴土を細かく砕く作業は古墳周辺の平坦面でおこなったと想像している。

瓦屋

「修理瓦屋」は、生瓦の成形、乾燥、焼成した製品の保管、役人が詰める管理棟などさまざまな作業に使われた建物である。先にみた「造東大寺司告朔解」には、掃浄した建物は四棟で、一棟は長さ四五丈、三棟は長さ八丈とあった。一丈を約三メートルとすると、一棟は長さ一三五メートルとなる。実際にそのような長大な建物が存在したかどうか、あるいは表記間違いなのかは明らかでない。残りの三棟の建物は長さ八丈＝約二四メートルで、上人ヶ平瓦工房の東西棟の建物に近い数値になっている。

上人ヶ平瓦工房の大型建物は、四棟を一体の建物と考えると、現在の学校体育館ほどの大きさとなる。この建物内で採取した粘土を用いて丸・平瓦、軒瓦を成形し、成形した生瓦を日陰で乾燥させた。乾燥した生瓦は丘陵南斜面に築かれた瓦窯に運んで窯入れし、再度、製品を丘陵上の建物に上げ、仮置きするか管理者のチェックを受けたのであろう。

上人ヶ平瓦工房・鹿背山瓦窯では切り通しの通路を利用して建物と瓦窯を行き来していた。その際、重量物は「ねこ車」を利用して運んでいた。

マキの調達

「採瓦燃料薪」は、焼成するためのマキを調達することである。燃焼部やその燃焼部の焚口部からかきだされた灰・炭の堆積状況から推定すると、多量のマキを使用したことがわかる。

そのマキは、丘陵部にある樹木を伐採して確保したと思われる。「造東大寺司告朔解」は一カ月に「薪九百十八荷」「功四百五十九人」と記しており、荷車九一八台分のマキを四五九人で用意したとある。一カ月の就業日数を二九日とすると、一日平均一五人以上が従事したことになり、同文書にある作業工程のなかではもっとも多い人数である。

マキにはカシ・クヌギなどが使われたようで、大木あるいは小枝を伐採したのち、生木を仮置きして乾燥させる。乾燥したマキは燃焼部の限られた空間に入れるために小割りし、

図70 ● 上人ヶ平瓦工房の復元イラスト2（早川和子作画）
大型建物は作瓦と生瓦の乾燥、小型建物は軒瓦や鬼瓦を成形する小屋として復元した。古墳の周溝で粘土に混和材を混ぜる作業をしている。

雨露のかからない場所あるいは小屋に保管しておく。

上人ヶ平瓦工房では桁行一〇メートル程度で、梁行六メートル未満の掘立柱建物が九棟みつかっており、その建物のいずれかがマキの保管場所として使用されたものと想像している。

焼成

「焼瓦」「採火棹」は瓦窯での焼成にかかわる作業である。すでにみてきたように、上人ヶ平瓦工房では南側谷部の北側斜面で五基、南側斜面で三基、合計八基の瓦窯（市坂瓦窯）が、鹿背山瓦窯では二基の瓦窯があった。ただし、市坂瓦窯は限られた範囲の確認調査しかしていないので、谷の開口部にも瓦窯の存在が予想でき、瓦窯の総数はさらに増えるものと思われる。

市坂2号窯は焼成室の床面積が二・六四平方メートル、8号窯は三・一二平方メートルの有畦式平窯で、仮に平瓦のみをその空間に入れた場合、三〇〇〜四〇〇枚の瓦を焼成できたと想定している。

この枚数は、同じ有畦式平窯で、幅二・五メートルの焼成室に二枚一組の平瓦を交互に立てならべて三段に詰め込み、約六六〇枚の瓦を焼成した静岡県磐田市の寺谷瓦窯（八世紀後半〜九世紀）の例を参考に、寺谷瓦窯にくらべて焼成室が小さいことから推定したものである。

鹿背山瓦窯は現状保存を前提として形状の確認のみにとどめており、焼成部内の調査をおこなっていないため床面積は確定せず、一回の操業でどの程度の瓦を焼成したかどうかは不明である。

運搬

「運瓦」はできあがった瓦を運搬することである。瓦窯で焼成された製品は役人（将領）が点検し、供給先に搬出する。「造東大寺司告朔解」には「運瓦寺家」とあり、東大寺へ瓦を直接運ぶか、別施設に一括保管されていたのかは不明であるが、東大寺周辺に運ばれたであろう。

平安時代に編纂された『延喜式』巻三四木工寮車載条では「凡自小野栗栖野両瓦屋至宮中車一両賃卌文」（小野・栗栖野の両瓦屋から宮中まで荷車で運ぶ駄賃は四〇文）と、『延喜式』巻三四木工寮人担条、車載条では瓦を人が運べば七～一六枚、車に載せれば六〇～一四〇枚と記載されている。

『延喜式』の記載にそって換算してみると、一人が運ぶ瓦の重さは、平瓦の場合は二八～六四キロで、丸瓦の場合は一二・六～二八・八

図71●鹿背山瓦窯工房の復元イラスト（早川和子作画）
中央の通路を使い、生瓦や焼成した製品を移動させていた。上人ヶ平瓦工房のように大規模ではなく小規模な工房で、補修瓦を生産していたのかもしれない。

キロの瓦（およそ三〇キロ程度か）を運んだことになる。一方、荷車を使用した場合は平瓦二四〇〜五六〇キロ、丸瓦一〇八〜二五二キロ（およそ二五〇キロ程度か）を運んだことになる。

また「造東大寺司告朔解」に「自瓦屋運瓦一千五百枚　功卅人」ともあり、歴史地理学者の高橋美久二は、荷車を使用して一日一往復、一人あたり一日五〇枚の瓦を運んだと想定している。平城宮跡の中央区朝堂院東北隅から出土した神亀六（七二九）年の紀年銘のある木簡には、「進上瓦三百七十枚　女瓦百六十枚　宇瓦百卅八枚　鐙瓦七十二枚　功冊七人　十六人各十枚廿三人各六枚　九人各八枚（表）」とみえ、三七〇枚の瓦を四七人で運び、女《め》瓦（平瓦）一〇枚、宇《のき》瓦（軒平瓦）六枚、鐙《あぶみ》瓦（軒丸瓦）八枚が一人当たりの枚数と記されている。

上人ヶ平瓦工房で焼いた製品は、瓦窯のルートからいくとDルートの平城京東三坊大路の延長道路上であり、現在の国道二四号線となっている幹線道路を使用して宮に運ばれた。また、鹿背山瓦窯で生産した軒瓦は型式から平城宮の式部省に運ばれたことがわかっているが、鹿背山瓦窯の位置から考えると、水運を利用して大井手川から木津川に運び、東大寺木屋所（発掘調査では木津川市上津遺跡がその関連遺跡として想定されている）近くへ行き、さらに運河（現在の「鹿川」を運河と想定している）を利用して陸揚げし、奈良山丘陵を越えて荷車で平城宮へ運んだと想像している。

以上のように、これまでは瓦窯をもって瓦工房と考えていたが、瓦窯は生瓦を焼成する一工程であり、瓦窯周辺での広範囲な調査により、瓦工房の生産実態がより明らかになるのである。

第５章　地方への波及と瓦工人

地方の瓦窯と奈良山瓦窯

七四一年（天平一三）に諸国に国分寺・国分尼寺造営の詔がでる。各国ではすでに飛鳥時代・藤原京期から奈良時代前期にかけて寺院の造営をすすめていた地域もあったが、国分寺・国分尼寺の造営は各国において一大プロジェクトであった。

金堂・講堂・塔・築地などの建設には多くの瓦が短期間に必要になった。それは地方にとって多大な負担であり、国分寺・国分尼寺の造営が順調に進まなかったことは『続日本紀』などからみてとれる。

実際、国分寺・国分尼寺の改修時の瓦窯は数多くみつかっているが、創建当時の瓦窯調査例は少ないのが現状である。

各国分寺・国分尼寺への供給瓦窯は窖窯が大半であり（下野国：水道山瓦窯、飛驒国分寺：赤保木瓦窯、常陸国：瓦塚瓦窯など）、須恵器工人を増員して瓦生産に従事させたり、瓦窯をもつ郡に瓦窯をもたない郡が焼成を依頼したりするなど、その対応はさまざまであった。

そのなかで奈良山瓦窯群で成立した有畦式平窯を採用した地域として、陸奥国分寺にかかわる蟹沢瓦窯、三河国分寺にかかわる赤塚山古窯がある。また石見国では、石橋瓦窯や梅谷6・7号窯に似た掘方をもち、側壁に半截した平瓦を積み上げ、焼成部が方形で畦がない石見国分寺瓦窯がある（**図72**）。奈良山瓦窯の工人がかかわって操業したと推定される。

奈良山工人の移動

一大プロジェクトである東大寺の造営以後、各建物の補修瓦を焼成していた奈良山瓦窯群の瓦工人たちは、七八四年（延暦三）の長岡京への遷都や七九四年（延暦一三）の平安京への遷

図72 ● 石見国分寺瓦窯と出土した軒瓦
窯の平面に石橋瓦窯（図45）や梅谷瓦窯の影響がみられるが、奥壁に排煙孔がない。平城宮系の軒瓦が構築材に用いられている。写真上の軒丸瓦は複弁六葉蓮華文、軒平瓦は新羅系ともいわれているもので、花文のあいだに三葉文を配している。

都とともに、洛西あるいは洛北へと移動し、その地で瓦生産をおこなう。

奈良山瓦窯群は国家事業である都の造営にかかわった瓦生産工房であり、各時期の統治者の意向に左右されながらも、その制約のなかで工夫を凝らしながら要求に応えてきたことを、窯の構造や瓦の製作技法から読みとることができる。そうした瓦工人の生き生きとした仕事ぶりを追究できるのが瓦工房の遺跡の醍醐味といえる。

奈良山瓦窯の現状

現在までに確認されている奈良山瓦窯群の瓦窯は六〇地点で、そのうち三〇基以上の瓦窯が発掘調査されている。一方、平城京では第一次調査から二〇〇一年八月までに四万八五七二点の軒瓦と、八〇〇万～九〇〇〇万枚（推定破片数）の丸・平瓦が出土している。

瓦窯は丘陵斜面地にあり、規模は一基あたり一〇〇平方メートルと狭い範囲なので、いまなお多くの瓦窯が奈良山丘陵の一角に埋もれていると思われる。

発掘調査された瓦窯は、瀬後谷瓦窯・五領池東瓦窯などその一部は都市計画のなかでどうしても開発が必要な区域であり、発掘調査成果を図面・報告書として記録保存せざるを得なかった例もあるが、歌姫瓦窯・音如ヶ谷瓦窯・上人ヶ平遺跡（市坂瓦窯）・梅谷瓦窯・鹿背山瓦窯は二〇一〇年に、また中山瓦窯は二〇一六年に国史跡に指定され、見学できるようになっている。ぜひ、各瓦窯に足をはこび、表舞台の都とは違った工人たちの息吹を感じていただきたい。

参考文献

奈良文化財研究所編　二〇一〇『図説　平城京事典』柊風舎
奈良国立文化財研究所編　一九七三『奈良山―平城ニュータウン予定地内遺跡調査概報―』
奈良国立文化財研究所編　一九七三『奈良国立文化財研究所年報　中山瓦窯』
奈良国立文化財研究所編　一九九一『平城宮発掘調査報告XIII』
奈良国立文化財研究所編　一九九六『平城京長屋王邸跡　左京条坊二坊・三条二坊発掘調査報告』
(財)京都府埋蔵文化財調査研究センター編　一九九一『京都府遺跡調査報告書第一五冊　上人ケ平遺跡』
(財)京都府埋蔵文化財調査研究センター編　一九九九『京都府遺跡調査報告書第二七冊　奈良山瓦窯跡群』
(財)京都府埋蔵文化財調査研究センター編　二〇〇九『京都府遺跡調査報告書第一三一冊　鹿背山瓦窯』
平城団地第8号遺跡調査委員会　一九七一『奈良山第53号窯の調査概要』
黒崎　直　一九七四「平城宮瓦窯跡の調査」『日本考古学年報』二五　日本考古学協会
奥村茂輝　二〇〇四「法華寺阿弥陀浄土院の造営」『佛教藝術』二七五号
奥村茂輝　二〇〇八「平城京造営時における瓦生産」『考古学雑誌』九二―四
梅原末治　一九三八「木津町市坂の一古墳」『京都府史蹟名勝天然紀念物調査報告』第二〇冊
上原真人編　一九九六『日本の美術No.三五九　蓮華紋』至文堂

＊

小林行雄　一九六四『続　古代の技術』塙書房
大川　清　一九九七『増補版　日本の古代瓦窯』雄山閣出版
栄原永遠男　一九九一『日本の歴史4　天平の時代』集英社
渡辺晃宏　二〇〇一『日本の歴史04　平城京と木簡の世紀』講談社
森　郁夫　二〇〇五『増補改訂版　日本の古代瓦』雄山閣
舘野和己ほか　二〇一〇『季刊考古学第一一二号　特集・平城京研究の現在』雄山閣

上人ヶ平遺跡公園

・京都府木津川市州見台8―1
・見学自由
・交通　JR平城山駅より徒歩約20分、JR奈良駅・近鉄奈良駅発奈良交通バスにて州見台八丁目行き終点下車すぐ

上人ヶ平瓦工房と市坂瓦窯を地下保存し、二万二五〇〇平方メートルの公園に整備されている。大型掘立柱建物・窯跡・生産に利用した古墳跡などを復元および木柱などで示し、瓦工房の配置・規模などがよくわかる。

上人ヶ平遺跡公園

市坂瓦窯跡

音如ヶ谷瓦窯跡

・木津川市相楽台7―6
・見学自由
・交通　近鉄高の原駅下車徒歩約10分

住宅街のなかに音如ヶ谷遺跡公園として整備されている。建物のなかに瓦窯跡が二基現状保存されていて、斜面に構築された窯の構造を間近に見学することができる。

梅谷瓦窯跡

・木津川市梅美台5丁目
・見学自由
・交通　JR平城山駅、木津駅から徒歩約60分

梅谷瓦窯跡緑地として整備され、瓦窯跡を示す石敷きや案内板などが設けられている。

音如ヶ谷遺跡公園

遺跡には感動がある

――シリーズ「遺跡を学ぶ」刊行にあたって――

「遺跡には感動がある」。これが本企画のキーワードです。

あらためていうまでもなく、専門の研究者にとっては遺跡の発掘こそ考古学の基礎をなす基本的な手段です。また、はじめて考古学を学ぶ若い学生や一般の人びとにとって「遺跡は教室」です。

日本考古学では、もうかなり長期間にわたって、発掘・発見ブームが続いています。そして、毎年厖大な数の発掘調査報告書が、主として開発のための事前発掘を担当する埋蔵文化財行政機関や地方自治体などによって刊行されています。そこには専門研究者でさえ完全には把握できないほどの情報や記録が満ちあふれています。しかし、その遺跡の発掘によってどんな学問的成果が得られたのか、その遺跡やそこから出た文化財が古い時代の歴史を知るためにいかなる意義をもつのかなどといった点を、莫大な記述・記録の中から読みとることははなはだ困難です。ましてや、考古学に関心をもつ一般の社会人にとっては、刊行部数が少なく、数があっても高価なその報告書を手にすることすら、ほとんど困難といってよい状況です。

いま日本考古学は過多ともいえる資料と情報量の中で、考古学とはどんな学問か、また遺跡の発掘から何を求め、何を明らかにすべきかといった「哲学」と「指針」が必要な時期にいたっていると認識します。

本企画は「遺跡には感動がある」をキーワードとして、発掘の原点から考古学の本質を問い続ける試みとして、日本考古学が存続する限り、永く継続すべき企画と決意しています。いまや、考古学にすべての人びとの感動を引きつけることが、日本考古学の存立基盤を固めるために、欠かせない努力目標の一つです。必ずや研究者のみならず、多くの市民の共感をいただけるものと信じて疑いません。

二〇〇四年一月

戸沢充則

著者紹介

石井清司（いしい・せいじ）

1954年、大阪市生まれ。

龍谷大学文学部史学科（考古学専攻）卒業。

京都府教育委員会嘱託調査員を経て、京都府埋蔵文化財調査研究センター設立時より職員として勤務、京都府内の発掘調査に従事する。

現在、公益財団法人京都府埋蔵文化財調査研究センター総括主査。

主な著作 『天平びとの華と祈り―謎の神雄寺―』（共著、柳原出版）、「長岡京・平安京における邸宅遺跡」『平安京の住まい』（京都大学学術出版会）、『京都府弥生土器集成』（共著、京都府埋蔵文化財調査研究センター）、『亀岡市史』本文編・資料編ほか。

写真提供（所蔵）
（公財）京都府埋蔵文化財調査研究センター：図1・14⑤・16・21・40・41・42・43・44・47・51・52・55・56・57・59（下）・61（上）・62・63・64・65・66／（公財）京都府埋蔵文化財調査研究センター（木津川市教育委員会所蔵）：図2・6・14④⑥・18・48・50・54・59（上）・60／奈良文化財研究所：図5・14①②③・15・19①②③④・25・26・28・29・30・31・32・33・34・35・36・38・49／奈良市教育委員会：図11・12・37／大津市埋蔵文化財調査センター：図19⑤／井出町教育委員会：図45・46／奈良女子大学学術情報センター：図67／浜田市教育委員会：図72（上）／浜田市教育委員会・島根県立八雲立つ風土記の丘：図72（下）
図版出典・参考（一部改変）
図3：国土地理院5万分の1地形図「奈良」／図4・9：早川和子氏作画・奈良文化財研究所提供／図7・8・12・13・20：『図説　平城京事典』／図17：『日本の美術№359　蓮華紋』／図22・23・24：『京都府遺跡調査報告書第27冊　奈良山瓦窯跡群』／図53・58：『京都府遺跡調査報告書第15冊　上人ケ平遺跡』／図61・66：『京都府遺跡調査報告書第131冊　鹿背山瓦窯』／図68：奥村茂輝「法華寺阿弥陀浄土院の造営」／図69・70・71：早川和子氏作画・（公財）京都府埋蔵文化財調査研究センター提供
上記以外は著者

シリーズ「遺跡を学ぶ」112
平城京を飾った瓦　奈良《な ら》山《やま》瓦《が》窯群《ようぐん》

2016年 9月15日　第1版第1刷発行

著　者＝石井清司
発行者＝株式会社 新 泉 社
東京都文京区本郷2－5－12
TEL 03（3815）1662／FAX 03（3815）1422
印刷／三秀舎　製本／榎本製本

ISBN978－4－7877－1632－3　C1021

シリーズ「遺跡を学ぶ」